틀

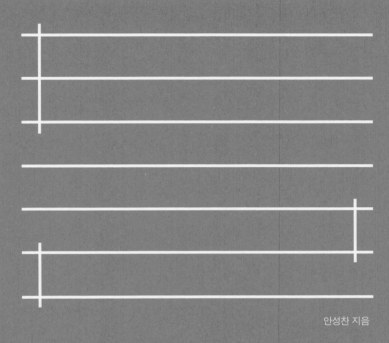

안성찬 지음

틀

남들과 동일한 삶, 그리고 생각에 의지하였을땐
삼류 운동선수였다.
생각의 틀을 깨다보니
연 100억 갤러리 회사의 관장이 되어 있었다.

좋은땅

틀

'틀'을 깨면서 시각이 달라졌다.
삼류 운동선수에서 연 100억 갤러리 회사의 관장이 되었다.

네가 이걸 해?
네가 잘하는 게 뭐야?
네가 하는 말은 다 거짓이잖아.
네가 하는 일은 다 안 맞잖아.
이건 너랑 맞지 않아.
잘못 생각하는 것 같아.

누군가 정한 기준, 그리고 틀.
우리는 누군가 만든 기준에 맞춰 살아간다. 그것을 우리는 '법'과 '도덕'이라고 이야기를 한다. 그 누군가가 정한 기준, 그 틀에 맞춰 살다 보니, 나를 모르고 살았다.

사공이 많으면 많을수록 앞으로 못 나아가듯 조언을 계속 들으면 앞으로 못 나간다는 것을 너무 늦게 알아 버렸다.

주위 사람들에게 의견을 물어보는 것은 좋으나, 무조건 주위 사람들의 말대로 할 필요는 없다. 선택은 독자의 몫이다.

이 책은 운동선수, 운동을 그만둔 선수, 곧 취업을 앞둔 친구들이 꼭 봤으면 한다.
나와 비슷한 사람들이 이 책을 보고 세상을 바라보는 눈을 조금 더 넓혔으면 하는 바람으로 이 한 권의 책을 집필하게 되었다.

삼류 운동선수가 받았던 무시, 하대, 그리고 조롱.
고통 속에 환경을 극복하기 위한 몸부림.
운동 그만두고 막막했던 그때의 심정.
취업? 아무것도 아니지 않았다.
힘들었다. 무시당했다.
하대받으며 자존감 따윈 버린 지 오래였다. 버텨야 했다.
죽지 못해 살았다.
버티다 보니 갤러리 관장이 되었다.
참 안 어울린다.
어느 하나 전공이 겹치는 것도 없다.

'틀'에서 나와야 한다. '틀'에 갇힌다면 나는 남들보다 못한 인생을 살아갈 수밖에 없다.

이 책을 읽고 조금이나마 힘을 얻었으면 한다.

'틀'을 깨고 살면서 가장 필요한 XX!를 꼭 찾길 바란다.

목차

첫 번째 | 삼류 운동선수 그리고 갤러리 관장

두 번째 | 잘못된 포인트

세 번째 │ 왜 성공에 목말랐을까?

첫 번째

삼류 운동선수
그리고 갤러리 관장

요식업 대부 백종원은 '조리과'였을까?

백종원 님을 아는가?

맞다. 슈가 보이 백종원 님이시다. 백종원 님은 요식업계 대부이시며, 다수의 프랜차이즈 매장을 가지고 계시고, 누구보다 요리에 진심이신 분이다. 사회적으로 존경받는 분이기도 하다.

그렇다면 이분의 대학교 전공은 요리였을까?

백종원 님의 대학교 전공은 연세대 사회복지학과였다.

난 이 점이 핵심이라 생각한다.

꼭 대학교 전공이 맞아야 직업을 가질 수 있을까?

절대 아니다. 전공 아닌 사람들이 한 종목에 미치게 되면, 전공자보다 더 전문가가 된다.

백종원 님이 요리를 시작하게 된 계기는 대학생 시절, 학교에서 배우는 전공과 별개로 요리에 관심을 가지기 시작했다. 그는 대학생 시절 학자금을 벌기 위해 학원에서 과외를 하면서 학원 교사분들께 요리를 가르치는 일을 하게 되었다. 이 과정에서 백종원 님은 요리를 통

해 사람들에게 즐거움과 만족감을 주는 일의 의미를 깨달았고, 요리를 통해 자신의 열정과 재능을 발휘할 수 있는 분야라고 느꼈다. 이후 요리에 진지하게 몰두하면서 점차 그의 요리 실력은 높아졌고, 그의 레시피와 요리 방법은 사람들 사이에서 입소문을 타게 되면서 지금의 백종원 님이 되셨다.

백종원 님도 처음부터 요리를 잘했을까? 아니다. 모르는 것은 알아보고, 찾아보고, 물어보고 결국 자신의 것으로 만들었다.

대부분의 사람들은 물어보는 것을 창피하다고 생각한다.

왜 창피한가?

지금 모르는 것이 창피하여 숨기면, 나중에도 모르게 된다.
나중에도 모르는 것이 더 창피한 것 아닌가?

차라리 모르면 모른다고 솔직히 인정하고 배워야 한다. 배우고 더 발전해야 한다. 백종원처럼.

네가 뭘 안다고 큐레이터를 해?

　'큐레이터 제의 받았다.'라고 이야기했을 때 대부분의 사람들은 큐레이터 하지 말라고 했다. 맞다. 난 그림에 대해 모른다. 미술 전공자도 아니다. 모르는데 미술에 관한 일을 하면 안 되는 건가? 왜? 전문이 아니니까?

　세계적인 팝 아티스트 앤디 워홀을 아는가?
　앤디 워홀은 미대생이었을까?

　앤디 워홀은 영화 프로듀서였고, 상업 디자이너였다. 상업 디자이너로 활동을 하다가 전업 예술가로 전직했다. 전직하며 자신만의 예술성을 표현했고, 자신의 작업실인 '팩토리 스튜디오'를 만들고 작품 활동을 이어 갔다.

　극단적인 예를 들겠다.

그렇다면, 앤디 워홀은 그림을 그렸으면 안 되는 사람이었나?

사람들이 짜 놓은 생각의 틀에 기준을 두고 판단했으면, 앤디 워홀도 절대 그림을 그렸으면 안 된다. '미술 전공이 아니다.'는 이유일 것이다.

앤디 워홀은 아니었다.

앤디 워홀은 주변의 이야기를 참고하고, 자신만의 그림을 그려 나갔다. 그리고 자신만의 스튜디오를 만들었다. 그리고 세계적인 팝 아티스트가 되었고, 작고한 뒤에 21세기에도 사랑받는 작가가 되었다.

다시 본론으로 돌아가 나 역시 큐레이터를 하면 안 되었을까? 내가 배웠던 대학교 때 배운 경호학, 중고등학교 때 배운 태권도를 토대로 진로를 결정해야 했던 것일까? 주변에서 생각하는 나의 능력 말고, 내가 잘하는 것, 그나마 내가 잘하는 것은 '상품 설명'이었다. 그림도 똑같다고 생각했다. 어려운 그림 쉽게 설명하면 된다고 생각했다. 그랬기에 이직을 결심했다. 이직을 하며 받았던 주위 사람들의 반응은 작은 비난이 아닌 큰 비난이었고, 졸지에 '끈기 없는 사람'이 되었다.

적응하려 주어진 일에 최선을 다하려 했다. 열심히 하다 보니 또다시 이런 소리를 듣게 되었다.

"그렇게 열심히 해 봤자 아무도 안 알아주고, 너한테 돈 더 안 준다. 월급 받은 만큼만 하면 되지. 넌 왜 이렇게까지 하는 거냐? 솔직하게 말해라. 회사랑 뭐 있냐?"

라고 나에게 물어보는 사람이 한두 명이 아니다. 여러 사람에게 들었다. 그럼에도 월급 받고 일하는 입장에 "월급 루팡'이 되기 싫었다.

사람들의 말을 다 듣지 않고, 하고 싶은 대로 했다.
그리고 할 수 있는 최선을 다했다.
남들이 욕을 하든 말든 주어진 일에 최선을 다했다.
후회하고 싶지 않았다.

지금 당장 사람들은 나를 비웃고, 무시해도 상관없다. 미술 전공한 사람들과 비교하면 미술적 지식이 부족한 건 당연한 이치이다. 부족한 걸 잘 알고 있다. 부족한 부분을 채우려 노력했다. 부족한 것을 알면서 방치하는 것은 내 사상과는 맞지 않는다. 잘못된 일이다. 나의 신념을 믿고 주어진 일에 최선을 다하려 했다.

물론 최선을 다해도 결과가 좋지 않았다. 그때마다 나를 위로했다. '결과가 좋지 않은 건 실패한 게 아니다. 그냥 결과가 좋지 않았을 뿐이다.'

하나의 과정이라고 더 노력했다. 그럼에도 결과는 좋지 않았다. 너무 안 좋았다. 그래도 앞으로 1년, 3년 후 지났을 때 나를 바라보는 시선이 예전 같지 않도록 더 노력했다.

그리고 시간이 지날수록 내가 받았던 큰 비난은 비난이 아닌 '기회'였다는 것을 알게 되었다.

* 네이버 국어사전

월급 루팡 – 직장에서 하는 일 없이 월급만 타 가는 직원을 비유적으로 이르는 말. ⇒ 규범 표기는 미확정이다.

직급이 높을수록 일은 안 하고 월급만 받아 가는 '월급 루팡'의 비율이 높은 것으로 조사됐다.

그림? 사기 아니야?

    내가 큐레이터를 한다고 하였을 때 대부분의 사람들은 '그림? 사기 아니야? 너 다단계 해?'라는 말을 너무나 많이 들었다.

    지금까지 갤러리에 종사하며 가장 많은 질문을 받은 것은, '미술품이 돈이 된다는데 맞아?'라는 말을 가장 많이 들었다. 답을 이야기해 주겠다.

    맞다. 돈이 된다.

    허나, 아무거나 사면 절대 안 된다. 투자 가치 있는 작품과 좋아서 사는 작품을 구분해야 한다.

    첫 번째, 투자 목적의 작품.
    그들만의 리그가 아닌, 실제 시장에서 거래되는 작품, 이우환, 박서보, 이배, 김창열, 하종현, 하태임 등 블루칩 작가의 작품으로 사고팔며 투자를 해야 한다. 모든 신진, 중견의 작가들이 블루칩 작가가 되어 작품 가격이 엄청나게 오른다면 너무나 좋겠지만, 블루칩 작가가 되는 작가는 일부이다. 그리고 누가 블루칩 작가가 된다는 보장은 없다. 블루칩 작가가 될 만한 작가는 있어도, '된다.'라는 확신에 찬 작가는 없다. 그렇기에 투자를 한다면, 블루칩 작가의 반열에 오른 작가의 작품을 사고팔고 해야 한다. 투자 가치 있는 작품을 샀더라도, 리스크는 항상 존재한다. 전시 가격은 지속적으로 오르는데, 2차 시장 가격은 떨어질 수도 있다. 그러니 자세히 알아보고 구입해야 한다. 선택은 온전히 본인 몫이다.

두 번째, 좋아서 사는 작품은 신진, 중견 작가의 작품.

집을 산 친구가 있다. 너무 축하해야 할 일이다. 이 친구에게 집들이 선물을 하고 싶다. 뭐가 필요한지, 어떤 선물을 살지 고민하게 된다. 너무 저렴하진 않은지, 너무 비싸진 않은지, 고민을 하면서 신중하게 선물을 고른다. 선물을 살 때도 당연히 목돈은 들어간다.

집들이 선물을 사지 않고, 예전에 샀던 좋은 작품을 선물로 준다면 어떨까? 받는 사람은 어떻게 생각할까? 특별하다고 생각할 것이다. 그리고 너무나 고마워할 것이다. 어떤 선물을 해야 할지 고민도 안 해도 되고, 목돈이 나가지 않아도 된다.

신진, 중견 작가의 작품은 지인에게 '선물을 주겠다.'라는 마음으로 구입해야 한다. 내가 좋아서 구입한 작품이지만, 내가 좋아하는 작품

의 좋은 기운을 듬뿍 받고, 감상하며, 위안을 받아야 한다. 감상용이
라는 뜻이다.

기운을 듬뿍 받고, 감상을 충분히 한 후에, 그 좋은 기운을 내가 좋
아하는 친구에게 준다고 생각해야 한다. 물론 집들이 선물로 안 주고
평생 소장하며 감상해도 된다. 그리고 가격이 올랐다면 당연히 오른
금액으로 판매해도 된다. 반대로 가격이 오르지 않았다면, 내가 좋아
했던 작품을 평생 소장하며 더 감상하면 된다.

아마 이렇게 이야기를 해도, '그림은 사기다.'라고 이야기하는 사람
들이 있을 것이다. 부자들이 그림을 사고 판매한다. 작가의 가치를 사
고 판매한다. 부자들은 '작가의 가치'를 판단하고 작품을 구입한다. 부
자들이 아는 세계를 일반인이 모른다는 이유로 사기라고 한다. 말이
되는가? 그냥 두려운 것이다. '설마', '혹시나'라는 두려움에 비판으로
생각한다. 남들이 하는 이야기는 잘 듣되, 그 이야기가 답은 아니다.
답은 온전히 본인의 판단에 달렸다.

'악' 그리고 '화'

　나는 지금도 말을 잘하지 못한다고 생각한다. 그런데 주위 사람들은 내가 말을 잘한다고 생각한다. 나는 말을 못한다고 생각하지만, 주위 사람들은 내가 말을 잘한다고 한다. 나는 못한다고 생각하는 그 말을 처음부터 말을 잘했을까? 아니다. 난 말을 진짜 못했다. 나의 말에 설득력이 전혀 없었고 '화'와 '악'만 있었다. 난 운동선수였고 수행비서라는 특수한 직업을 가졌다. 나의 말투는 한없이 딱딱했고, 무서웠다. 나의 표정은 항상 앵그리버드 실사판같이 인상을 쓰고 있었다. 거기에 예민의 끝판왕이었다. 나에게 말만 걸어도 짜증을 냈다. 본의 아니게 짜증을 냈다. 수행비서를 그만두고 더 예민해질 수밖에 없었다. 수행비서의 버릇이 남아 있었기 때문이다. 그런 나를 그나마 부드럽게 만들어 주신 분이 류재영 쇼호스트이시다. 난 아직도 류재영 쇼호스트를 '동아줄'이라고 저장해 두었다.

　나의 예민함을 부드러움으로 바꾸려고 하셨다. 장점을 살리고, 바꿔야 할 것들을 바꿔 주며 진짜 쇼호스트 꿈에 조금 더 가까워질 수 있게 해 주셨다. 핵심을 잡고 이야기하는 방법을 알려 주셨고, 작은 말투 하나까지 신경 써 주시며 나를 바꾸려 노력해 주셨다. 내가 이해

하지 못하면 이해할 때까지 설명해 주시고, 말하는 방법과 제스처를 알려 주셨다. 그 덕분에 자신감이 생겼고 사람들 앞에서 당당하게 서서 이야기하며 나만의 장점을 점차 쌓아가기 시작했다. 내가 변화를 두려워했다면, 바뀌려 하지 않았다면 나는 계속 발전하지 못하고 그 자리에 맴돌고 있을 것이다. 바꿔 보니 별게 아니었고, 바꾸는 과정이 두려웠다.

변화를 두려워하는 순간 아무것도 변하지 않는다는 것을 깨달았다.

바꾸고 싶다고 생각하는 순간 바꿔 보려 해야 한다.

말을 예쁘게 하고 싶으면, 예쁘게 말하는 사람을 따라 해라.

그리고 바뀌려고 노력해라.

바뀌기 전까지 난 악과, 화만 가득한 사람이었고, 모든 사람의 기피 대상이었다.

조금 해도 잘하는 사람,
열심히 해도 못하는 사람

처음 듣는 단어이겠지만, 실전용 선수와 연습용 선수라는 단어가 있다.

실전용 선수는 말 그대로 실전에 강한 친구들이다. 훈련할 때 열심히 연습해도 될 듯 안 될 듯, 될 듯 안 될 듯하면서 시합장에선 엄청나게 잘한다. 안 되던 기술도 되고, 자신감이 하늘을 찌르며 무슨 일 날 것 같은 경기력을 보이며, 좋은 성과를 낸다.

연습용 선수는 말 그대로 연습할 때만 잘한다. 훈련할 때 열심히 하고, 잘하는 애들을 이기며, 실력이 느는 것이 보인다. 하지만 시합에 나가면, 진다. 지는 것도 그냥 지는 게 아니라 그냥 온몸이 얼음장이 된다. 아무것도 하지 못한다. 심지어 발차기를 못 찬다. 이 말은 뭐냐면, 전쟁터에 총을 쏴서 상대방에게 이겨야 하는데, 연습 사격 때 백발백중 만 발을 맞췄지만, 실전 전쟁에서는 총 쏘는 법을 까먹은 것이다. 그렇게 연습했던, 기술 역시 한 번을 제대로 하지도 못하고 진다. 그리고 연습 때 나한테 한 번을 못 이겼던 친구들한테 진다.

나는 연습용 선수였다. 얼마나 비참한가?

연습 때는 전국 대회 메달 딸 것 같은 기세였지만 항상 시합만 나가면 무서웠고, 남들이 나를 얕잡아 볼까 두려웠다. 아무것도 하지 못했다.

연습 때 나오는 실력은 진짜 실력이 아니었다. 우연에서 나오는 실력이었다. 시합에서 나오는 실력이 내 본 실력이었다. 운동선수였던 나는 멋있지 않은 1000% 연습용 선수였다.

나는 수많은 경기를 했지만, 대부분 졌다. 그리곤 왜 졌을까 복기를 많이 했다. 잘한 부분과 못한 부분을 같이 복기하였다. 복기의 끝은 '다음에 만나면 이길 수 있다.'였다. 이길 수 있을 줄 알았다. 그리고 이기려 열심히 했다. 남들은 초등학교 때부터 운동한다는데, 나는 중학교 2학년 여름방학에서야 시작하였다. 남들보다 늦었다. 늦은 만큼 더 열심히 했다. 열심히 했는데도 불구하고 나는 시합장 나가면 항상 졌다. 늦었음을 인지하고 더 열심히 연습했다. 정말 열심히 했다. 발바닥이 찢어지고 아물고를 반복하며 정말 열심히 연습했다. 연습 때는 기술도 잘 나왔다. 연습했던 모든 것들을 활용했다. 연습할 땐 잘했다고 생각한다. 그런데 시합장만 가면 나는 아무것도 하지 못했다. 스텝도, 발차기도 제대로 차지도 못했다.

나는 왜 다른 내가 되었을까?

왜 졌을까?

나는 항상 이길 줄 알았다. 현실을 알지 못한 채⋯. 지금 와서 생각해 보면 나는 지는 것이 당연했다. 나의 패배 원인은 이러하다.

나의 간이 완전 콩알만 했다.
두려웠다⋯. 그리고 무서웠다⋯.
맞을까 봐? 아니다. '나의 실력이 들통날까 봐.'였다.

나는 누군가가 나를 쳐다보는 시선을 불안해했다. 지금은 많이 나아졌다. 그런데 지금도 그렇다. 나는 누군가가 많이 모여 있는 자리에 쉽사리 가지를 못한다. 나를 욕할까 봐.
피해의식인 것 같다.
그게 시합장에서도 나왔던 것 같다. 친하고 편안했을 때 나는 내가 원하는 대로 태권도를 했다. 하지만 낯선 곳, 그리고 수백 명이 나를 바라본다는 불안감에 아무것도 하지 못했다.

고등학교를 태권도부로 진학하고도 나의 실력은 나아지지 않았다. 시합에 나가면 무조건 떨어졌다. 형편없었다. 그런데 유현석 코치님이 부임하시고 모든 게 바뀌기 시작했다. 유현석 코치님은 기본기부터 다시 가르치기 시작하셨다. 기본 발차기, 스텝, 체력까지 기본적인 것부터 하나씩 하나씩 알려 주셨다. 그리고 자존감을 키워 주셨다. 그러면서 자연스레 시합장에서 한 판, 두 판 이기기 시작했다.

전국 시합에서는 많은 성과를 내지 못했다. 반면 전라북도 시합에서는 조금씩 성과가 났다. 전라북도 도대표 선발전은 1차 1위, 2위 선발, 2차 1위, 2위 선발, 3차 1위, 2위 선발, 총 6명을 선발하여 최종전을 진행한다. 운이 좋았다. 3차에서 2위를 하여 최종전에 나갔다. 최종적으로 선발은 되지 못하였다. 그럼에도 불구하고 실력이 늘고 있음에 감사했다. 코치님은 실력을 최대한 끌어내려 하셨으나, 불안함을 완전히 없애지 못해, 실력을 제대로 발휘하지 못했고, 결국 졌다. 경기력은 들쭉날쭉하였고, 일정하지 못하였다. 좋은 경기를 펼치지 못하였고, 아쉬운 경기만 펼쳤다. 지금 생각해도 아쉽다. 경기에 진 이유는 단 하나다.

실력이 들통나 사람들이 '쟤 못하는 애야.'라고 비아냥거리는 게 두려웠다. 두려움이 점점 조여 왔고, 그 조여 온 것이 부담이 되어 아무것도 하지 못하는 이도 저도 아닌 선수가 되었다는 것이다. 질 수밖에 없는, 진짜 형편없는 선수였고, 나의 기술이 아닌 남의 기술을 따라 하는 그냥 그런 형편없는 연습용 선수였다.

Manner makes men

어디서 많이 들어 보던 단어 아닌가? 맞다. 〈킹스맨: 퍼스트 에이전트〉의 명대사이다.

'매너가 사람을 만든다.'라는 뜻이다. 나는 이것을 영화를 보며 배운 것이 아닌, 수행비서 할 때 배웠다.

수행비서는 특수한 직업이다. 드라마를 보면 회장님 옆, 혹은 앞에 타고 가며 일에 대한 이야기를 하며 나오는 멋있는 직업이다. 참 멋있게 보이는 직업이다. 나는 총 두 분의 대표님과 회장님을 모셨다. 첫 번째 모신 대표님은 증권사 메신저를 운영하시는 대표님이셨고, 두 번째 회장님은 언론에는 많이 나오지 않는 재벌이셨다. 회장님의 가장 친한 동생분은 대한민국 국민이라면 다 아는 재벌 중 재벌이다.

사람들은 물어본다. '재벌? 갑질 하지 않아?'라고.

맞다. 갑질 하는 재벌도 있을 것이다. 허나 내가 모신 두 분은 이 세상 스위트하신 분들이셨다.

두 분의 공통점은 인성을 중요시하며 두 분 자체가 매너가 엄청나게 좋다는 것이다.

두 분이 공통적으로 이야기를 해 주신 부분이 있으시다.

"일 잘해도 사람이 안되면 그 사람은 오래 못 가요~
지금은 일을 못해도 사람이 좋으면 그 사람과는 오래가요~
그리고 착한 척하는 사람이 주위에 있으면 그 사람이랑은 멀리해요~"

라고 항상 이야기해 주셨다.

두 분의 말의 공통된 부분은 바로 '사람이 좋아야 한다.'이다. 즉 '인성이 좋아야 한다.'는 것이다. 정말 많은 것을 배웠다. 너무 나이스하신 분이셨다. 인생에 정말 도움이 많이 되는 조언을 많이 해 주셨다. 아무것도 모르는 햇병아리를 너무나 잘 알려 주셨고, 많이 위해 주셨고, 기다려 주셨다. 사람을 상대하는 것부터, 일을 할 때 어떻게 해야 하는지, 세세하게 많이 배웠다. 대표님께서는 좋은 책을 선물해 주시며, 항상 나를 위해 주셨고 고향이라도 가면 부모님께 드리라며 손에 무언가를 쥐어 주셨다. 인간적으로 너무 잘 대해 주셨다. 회장님께도 배울 점이 많았다. 배울 점이 많다 보니, 의리를 지키려 노력하려 했다. 의리로 유명 대기업에서 온 스카우트 제의를 3번이나 거절했다. 지금 생각해 봐도 그때의 선택을 참 잘했다 생각한다.

26살 때 퇴사를 하고, 32살이 되었을 때 우연히 증권사 메신저 대표님과 연락이 닿아 식사 자리를 갖게 되었는데, 그때 엄청난 제의를 해 주셨다. 그 제의를 수락했고 난 엄청난 돈과 명예를 가질 수 있었다. 하지만 나의 부족함으로 그 일이 성사되지 않았다. 지금 생각해도 엄청나게 아쉽다. 엄청나게 후회하고 있다. 엄청난 기회를 주신 사장님께 다시 한번 죄송하다는 말씀드리고 싶다. 이 말을 한 이유는, 내가 대표님께 행실을 바르게 하지 않았다면, 이 엄청난 기회가 왔을까? 절대 아니다.

미술계에 와서도 대표님, 회장님이 말씀하신 말씀을 명심하며 업무를 하고 있다.

첫 만남 혹은 미팅을 진행하며, 인성이 안 좋거나, 허상과 허구 많은 사람들을 만나게 되면 업무를 진행하지 않는다. 프로젝트는 절대 생각할 수도 없다.

반대로 진실로 일을 하며 인성과 매너까지 좋은 사람들은 진행하는 일이 아니더라도 다른 일을 같이하려 한다.

많은 사람들을 만났지만, 인성 좋은 사람들은 언제나 인성 좋은 사람들뿐이었고, 누군가를 소개해 줄 때도 당당하게 소개하고 있다. 인성이 좋지 않거나 매너가 없는 사람들은 자연스레 멀리한다.

겉멋 든 사람이 되려 하지 말고 진실된 사람이 되어야 한다.

나의 행동은 반드시 돌아오게 되어 있다는 걸 말해 주고 싶다. 좋게든, 안 좋게든 어떻게 해서든 나에게 돌아온다. 그 돌아왔을 때 나의 역량이 나온다. 항상 준비를 잘하고 있어야 한다. 나처럼 기회가 왔음에도 그 기회를 놓치지 말고.

모든 걸 내려놨을 때
내 모습이 나왔다

'이걸 왜 이때 알았을까?'라는 생각을 했다.

대학교 실기 시험 당시 나의 경쟁자는 총 7명이었다. 7명이 두 명씩 짝을 이뤄 겨루기를 했어야 했고, 나머지 한 명은 용인대 태권도부 훈련단과 겨루기를 했어야 했다. 용인대 태권도부 훈련단과 겨루기를 한다는 것은 실기에 떨어질 확률이 올라간다는 뜻이기도 했다. 훈련단과 겨루기 할 상대는 제비뽑기로 결정을 했는데, 통 안에서 공을 잡아야 했다. 박스에는 1번부터 7번까지의 공이 있다. 1번~6번은 지원자들끼리 하고 나머지 7번이 '용인대 훈련단'이랑 해야 했었다. 내가 제일 먼저 뽑았다. 박스 안에 손을 넣고 열심히 돌렸다. 손을 열심히 돌리다 보니 갑자기 공 하나가 손안에 들어오는 것이었다. '와, 이 공이다.' 싶었다. 남자답게 확! 잡고 번호를 확인한 순간 심장이 떨어져 내려 버렸다.

왜 그 심장이 떨어져 버렸을까?

내 번호는 7번이었다. 정말 운이 없었다. 운은 끝났다고 생각했다. 최악이었다. 1번~6번까지 실기자들이 하는 것을 봤다. 진짜 너무 아쉬웠다. 내가 했으면 전부 다 이길 수 있을 것 같았다. 아니, 그냥 이겼다. 아쉬운 마음을 뒤로하고, 긴장한 상태로 내 차례가 다가왔다. 다른 실기자들은 10초~20초 정도 진행을 했다. 차례가 될 때쯤 그냥 자포자기했다.

'운은 여기까지구나.'라고 생각하며….

그냥 마음을 내려놓으니 한편으론 편해졌다. 지금까지 많은 시합을 치렀음에도 이렇게 편안함을 느낀 적은 없었다. 한편으론 그냥 막해 보고 싶었다. 진짜 오고 싶었던 용인대 태권도학과였고, 그 태권도학과에 속한 훈련단과 겨루기를 한다니, 갑자기 설 다. 그러면서 은퇴 시합 같은 느낌이었다. 갑자기 두근두근…. 자신감이 넘쳐 났고 실기가 시작됐다.

겨루기 실기는 약 1분 30초 정도 진행되었다. 결과는 어떻게 됐냐고? 점수판은 없었지만 시합은 졌다. 점수로 따진다면 4:5 정도? 열심히 했다. 그리고 한 대 맞으면 두 대 때렸다. 악착같이 했다. 은퇴 시합이라고 생각했다. 이때 느꼈다.

지금까지 너무 미련하게 결과만 생각했다.

'메달 따지 못하면 어떻게 하지? 그럼 대학 못 갈 텐데.'라는 부담감에 졌다는 것을 너무 늦게 알아 버린 것이다.

당시에 '운'이라고 생각했지만 부담감을 내려놨을 때 비로소 나의 진가가 발휘되었다.

만약 그만두고 경제적인 상황이 힘든 상황이라면, 그만두기 전, 해보고 싶은 것들을 잠자지 말고 해 봐라. 새로운 세계가 보일 것이다.

독자들이 그만둬야 하는 상황, 혹은 인생에 있어 변화하는 시점이라면, 두려워하지 말고 해 봐라.

변화해야 하는 시점이라면, 두려워하지 말고 진행해 봐라. 무조건 해 봐야 좋은지 안 좋은지 알 수 있다.

그렇다고 조금 하다 포기하란 소리는 절대 아니다. 끝까지 최선을 다해 본 후 결정해야 한다.

두 번째

잘못된 포인트

헛된 망상으로 허송세월 보내다

운동선수였을 때, 혹은 경호학과에 입학했을 때, 혹은 20대 후반이었을 때 했던 상상들을 이야기해 주겠다.

경호학과 입학했을 땐 드라마에 나오는 수행비서가 되어 엄청나게 성공한 사람이 되는 상상, 아니면 여자 연예인 경호 아르바이트 갔다가 돌발 상황에 연예인을 지켜 주며 둘이 눈 맞는 상상….

20대 후반엔 성공하여 높은 건물에 사무실을 쓰며, 창밖을 바라보며 뜨거운 커피 한 잔을 하는 상상….

30대엔 결혼하여 예쁜 아이들과 오순도순 행복하게 사는 상상….

돈이 많아 이것저것 다 사고, 아이들 좋은 거 먹이고, 입히고 최고급으로 키우는 상상….

지금 글을 쓰는 나도 손이 오글거려 미치겠다. 독자들은 어떠하겠나.

엄청 '아, 뭐야~'

이런 표정으로 책을 보고 있을 것이다.

다시 본론으로 돌아와서 독자도 생각해 보면 나 같은 상상은 한 번쯤 해 봤을 것이다. 정말 멋있는 남자가 고백하는 꿈, 그리고 좋아하는 연예인과 결혼하는 꿈 등 작은 소망이라도 상상을 해 봤을 것이다. 그 상상, 상상만으로도 행복하지 않나? 그 상상을 현실로 만들고 싶었다. 현실로 만들기는커녕 시간만 지나면 만들어질 줄 알았다.

헛된 망상에 빠진 채 몇 년을 지냈다. 불과 몇 년 전까지 난 계속 헛된 망상에 빠져 살았다. 헛된 망상에 빠져 있던 캐릭터, 그 캐릭터는 어디에 존재할까? 드라마 혹은 영화 속이다.

영화나 드라마 속 주인공은 예쁘고 잘생기고 똑똑하고 착하고 센스 있고 매너까지 좋다. 난 시간이 지나면 드라마, 영화 속 캐릭터가 되어 있을 줄 알았다. 열심히 살면 영화 속 주인공처럼 될 줄 알았다.

허구였다.

그런 허구 캐릭터와 비교를 하고 있었다. 말도 안 되는 망상 속에 빠져 살았던 거다. 한심하지 않은가? 그런 한심한 사람이었다. 그런 한심한 사람이 알바는 엄청 많이 했다. 잠을 줄이고 하루 두세 개의 알바를 진행하며 열심히 살았다. 남들은 공부하는데도, 공부는커녕 일하려고 했다. 드라마 속 캐릭터들이 일만 열심히 하는 듯했기에 나도 그랬던 거 같다. 스펙을 쌓아야 했었는데 말이다. 지금 생각해 보면 많이 아쉽다. 너무 많이 아쉽다. 당장의 이득을 보려 미래에 대한 이득을 포기하고 살았기 때문이다. 너무 잘못된 생각이었다. 독자가 봐도 너무 한심하지 않은가? 한심한 인생이었다. 이 한심한 인생 속에서도 열정만큼은 누구보다 지지 않았다. 그때의 시간, 그때의 돈을 주고도 경험하지 못할 한심스러운 경험을 하다 보니 교훈 하나를 얻었다.

"현실에 부딪혀야 한다. 현실에 부딪히지 않고 '나중엔 당연히 저렇게 돼 있겠지!'라는 말도 안 되는 위안, 회피는 나중에 나를 더 가난하게 만든다."라는 교훈이었다.

열등감 그리고 자존감 하락,
열등감에서 빠져나올 수 있는 방법

 *'열등감'의 사전적 의미는 자기를 남보다 못하거나 무가치한 인간으로 낮추어 평가하는 감정.

 '자존감'이란 사전적 의미는 스스로 품위를 지키고, 자기를 존중하는 마음. 부모에게 사랑받지 못하고 자란 청소년들은 상대적으로 낮은 자존감을 갖게 됩니다.

 사전적 의미를 제외하고 내가 느낀 감정을 이야기하려 한다.

 열등감은 객관적 조건의 문제가 아니다. 학벌의 문제도 아니었었다.

 내가 생각했을 때 열등감은 관점의 차이다.

 어떤 시선에서 보느냐에 따라 다른 것 같다. 열등감에 빠져 있던 시점은 나를 더 구석으로 몰고 갔고 더 위기에 빠트렸던 것 같다.

 열등감은 항상 비관적이고 부정적이다. 그렇게 비관적이고 부정적이게 되면 문제는 본인의 행동도 비관과 부정적으로 변하게 된다.

 가장 무서운 게 뭔지 아는가?

 열등감에 자신이 변화하는 걸 본인은 모른다는 것이다.

무의식중에 진행되기에, 인지할 수도 없다. 당부의 말을 하고 싶다.

혹시 열등감에 사로잡혀 있다면, 열등감에 익숙해져 있을 것이다. 마치 습관처럼 말이다.

열등감에 사로잡힌 사람은 우울하고 비관적으로 되는 게 가장 기본적이다.

이 열등감은 어디서부터 시작일까?

열등감이 나올 때도 있지만, 내가 경험한 열등감은 조금 달랐다.

첫 번째, 자존감 하락이었다.

예를 들어 엄청난 노력을 했음에도 불구하고 시험에 떨어지거나, 면접에 떨어지거나, 메달권에 들지 못하면 자존감이 하락된다. 심지어 좋아하는 이성한테 차였을 때도 자존감이 하락된다.

나 역시 쇼호스트를 준비하며 수많은 홈쇼핑에 이력서를 넣었지만 3년간 딱 3번 면접을 보았고 전부 최종에서 떨어졌다.

이력서를 넣을 때마다 '이번에도 1차 탈락하면 어떻게 하지? 서류상으로 나를 보여 드리지도 못하고 떨어지면 어떻게 하지? 난 왜 안되지?'라는 한탄했다.

떨어지면, 그 이유를 찾으려 분석하면 됐다. 머리론 알고있다. 하지만 아무리 분석해 봐도 알 수 없었다. 몰랐으니 당연히 떨어질 것이다. 그래서 더 자존감이 하락했다. 나중에 포기하니 그 이유가 보였다.

두 번째, 비관적으로 바뀐다.

한두 번 안 되면 '다음에 하면 되지!'라고 생각할 수 있다. 하지만 지속되면 그때부턴 분노와 비교를 하며 시샘하기 시작한다.

'다른 사람들은 나보다 공부 덜 했는데, 나보다 더 놀았는데 왜 쟤는 합격하고 나는 불합격이야!'부터 시작해서 모든 것을 자기중심적으로 생각하며 다른 사람의 노력은 생각 안 하고 부정적인 생각만 한다.

물론 운이 좋아서 다른 사람들이 노력을 안 해도 좋은 성과를 얻을 때가 있을 것이다. 허나 그 운은 운일 뿐인데, 그 운마저 시샘해 버렸다.

나 역시 '왜 남들은 쉽게 되는데 나는 왜 노력해도 안 돼?'라는 생각을 했다. 이 생각이 엄청나게 잘못되었다는 것을 알았을 땐 이미 너무 많이 늦었었다.

세 번째, 열등감이 생겨 버렸다.

나도 모르는 사이 열등감이 생겼다. 다른 사람에 비해 지위나 자질, 가치가 낮은 상태 등 남들은 신경도 쓰지 않지만, 난 그것들을 신경 쓰며 열등감을 만들었다. 그것은 개인이 자신에 대해 가지고 있는 주관적인 인식이며, 종종 다른 사람과 관련하여 부적절함, 무능력 또는 자존감 부족에서 비롯되기도 한다.

열등감은 다른 사람과의 비교, 사회적 기대, 과거 경험 또는 개인적 불안감을 포함한 다양한 요인의 영향을 받을 수 있고, 개인의 자신감, 동기 부여 및 전반적인 요소에 상당한 영향을 미칠 수 있다.

열등감은 외모, 능력, 성취, 사회적 기술 또는 기타 개인적 특성과 같은 삶의 다양한 측면에서 나타날 수 있다는 것이다. 외모로도 열등 감이 생긴다는 게 웃기지 아니한가?

내가 전하고 싶은 말은 '틀' 즉 '관점'이다.

자기만의 '틀'에 박혀 자신이 만들어 낸 관점으로 열등감을 가질 수 있다.

열등감은 주관적이며 자신의 진정한 가치나 잠재력을 정확하게 반영하지 못할 수 있다는 점에 유의하는 것이 중요하다.

'틀'에 박혀 열등감을 다루고 극복하는 것은 종종 긍정적인 자아상을 개발하고, 자기 수용을 키우고, 자신감을 키우고, 자신의 고유한 강점과 능력을 인식하는 것과 관련된다.

충분히 생각해 보아라. 그리고 '틀'을 가지고 있다면 떨쳐 내라.

'틀'안에 열등감이 오히려 잘되는 일을 망치고, 주위 사람들과의 관계 역시 망칠 수 있다.

* 출처 – 네이버 국어사전

네가?

질문 하나 하겠다. 지금까지 살면서 무엇이 가장 후회스러운 행동인가?

지금까지 살면서 '가장 잘못했다.' 생각하고 후회하는 부분이 바로 '침묵'이다. 누군가가 사실이 아닌 일로 비난한다든가, 인격 모독을 한다면 절대 침묵해서는 안 된다.

물론 미친 사람처럼 싸우라는 것이 아니다. 냉정히, 그리고 침착하게 팩트를 정확히 이야기해야 한다는 뜻이다. 물론 생각이 달라 입장이 다를 수도 있지만, 입장이 다른 것과 인격 모독은 정반대이다.

반대인 것을 나중에서야 알았다. 표현을 하지 못했다. 못하는 이유는 간단하다. 말을 조리 있게 하지 못했고, 내 생각을 말로 전달하지 못했다. 그러다 보니 나는 그냥 무시당해도 되는 사람이 되어 있었다.

내가 겪은 무시를 먼저 예로 들어 주겠다.

대학을 가야 할 때쯤 가고 싶은 학교가 딱 정해져 있었다. 그때 당시엔 태권도 선수였고, 학교 수업은 거의 들어가지 못했다. 용인대 태권도학과, 경희대 태권도학과, 한체대 태권도학과 세 곳 중 한 곳을 무조건 가고 싶었다.

그리고 누가 '대학 어디 갈래?'라고 물어보면 항상 똑같이 말했다. 왜냐면 희망이 조금 있었다. 전국 대회에서 동메달 하나만 있어도 원하는 학교에 갈 수 있었다. 2학년 말, 3학년 초반에 실력이 올라오긴 했다. 그래서 가능성을 봤다. 할 수 있었을 것 같았다. 꼭 원하는 세 학교 중 한 곳에 입학하고 싶었다. 동네 아주머니 중 한 분이 친구 어머니이시다. 그 친구는 얼굴도 잘생기고 키도 크고 심지어 똑똑했다. 시내에 나가려 버스 기다리고 있는데 친구 어머님을 만났고, 나에게 물었다.

친구 어머님: 대학교는 어디로 가니?
나: 용인대, 경희대, 한체대 중 한 곳이요!

여기까지는 일상적인 대화이다. 친구 어머님은 내 대답을 듣고 웃으면서 입을 떼셨다. 돌아오는 대답이 뭔 줄 아는가?

친구 어머님: 네가?

'네가?'라는 말에 아무 생각 없이 해맑게

나: 네 ^^

라고 대답을 했다. 지금 생각하면 속이 없다. 아니, 내 상황을 잘 이야기해야 했다. 이야기하긴커녕 그냥 해맑았다. 비꼬는 걸 몰랐기 때문이었다. 나중에 생각하니 자존심이 엄청나게 상했다. 하지만 이 자존심 상하는 감정을 긍정적으로 생각하기로 했다. "그렇게 말씀하셨지? 그래, 꼭 세 학교 중 한 곳에 간다."라는 생각으로 태권도를 더 열심히 했던 것 같다. 이땐 열등감이 아닌, 자존심이 많이 상했던 것 같다. 친구 어머님 아들은 당연히 공부도 잘했으니 원하는 학교를 갔을 것이다. 난 공부는 뒤에서 1~2등을 했고, 태권도를 기가 막히게 잘하는 것도 아니었다. 그러니 당연하게 그렇게 생각하실 수 있지만 나중에 생각해 보니 기분이 엄청나게 나빴다. 그런데 이런 일이 한두 번이 아니었다. 이때부터 나는 침묵했다. 누군가가 물어보면 회피하고, 피했다. 그리곤 내 생각을 이야기하지 않았다. 말을 조리 있게 하지 못해 자연스럽게 침묵했다. 침묵을 선택하다 보니 모든 일에 이야기해야 할 때 항상 침묵하고 회피하는 버릇이 생긴 것 같다.

물론 미친 사람처럼 싸우라는 것이 아니다.

잘못된 정보를 사실인 듯 이야기를 한다면, 아니라고 확실히 이야기를 할 줄 알아야 한다는 뜻이다.

지금은 내 표현을 확실히 할 수 있어 이야기를 잘하긴 하지만, 말을 못 할 땐 상대방과 이야기하다 의견이 안 맞으면 우선 목소리부터 올라갔고, 목소리가 큰 사람이 이기는 거라고 착각했다. 그러다 보니 '아, 이러면 안 되는구나.'라고 인지하고부턴 말을 조리 있게 하려고 노력하고 생각했다.

글을 읽는 독자들 역시 남들이 무시하거나, 비난하거나, 사람들 많이 모여 있는 자리에서 사실이 아닌 일을 사실로 이야기한다면 친한 사람은 알지라도 아니라고 확실히 이야기를 해야 한다. '침묵'은 정답이 아니다.

이렇게 멍청한 애가?

나의 침묵, 회피는 30대가 돼서야 고쳐지기 시작했다.

대학교 입학할 때 역시 나는 속으로만 복수를 다짐했지, 입 밖으로 말을 전달하지 않았다. 대학교 땐 '멍청하다, 어떻게 너가 우리 학과에 들어왔냐?'라며 엄청나게 비난받았다. 당연하다. 그때 당시 용인대학교 경호학과에 입학하려면 수능 등급이 2~4등급은 맞아야 했다. 동기는 수능 1등급이었다. 그 친구는 여자 동기였고, 그 여자 동기는 검도였다. 동기들 역시 다 2~4등급이었고 나만 성적이 바닥이었다. 바닥도 아니었고 08학번 꼴등이었다. 당연히 비난받아 마땅했다. 정확히 몇 등급인지도 기억이 안 난다. 2008년도 최저의 성적으로 입학하였다. 소문이 돌았다. 선배들은 동기들의 수능 성적을 전부 조사하였다. 그리고 내가 제일 낮은 성적으로 들어왔다는 걸 알면서 지나가는 선배들은 전부 '아, 쟤야? 성적 거지 같은데 들어온 애?'이야기 나오기 시작했다. 그리고 소문이 돌기 시작했다.

"쟤 아빠 전북태권도협회 높은 분이래.", "아빠 용인대학교 태권도학과 교수님이래."등 말도 안 되는 헛소문이 돌았다. 실제로 그랬으면 말을 안 하고 맞다 인정하겠다. 하지만 우리 부모님은 농부이시다. 전북태권도협회? 말도 안 되는 소리다. 말 다 하지 않았나? 그런데도 소문은 사라지지 않았다. 그러면서 '무시'와 '하대'가 시작되었고 힘든 대학 생활의 시작이었다. 무시할 수 있는 것은 지식적인 측면이었다. 그리고 태권도 실기를 시작하면 무시할 수 없었다. 선배, 동기 전부 공부는 잘했을지언정 태권도는 나보다 못할 거라고 확신했고, 난 경호학과에서 실력은 상위 1%혹은 상위 5%안에 들 것이라 확신했다. 첫 실기부터 물&불 가리지 않았다. 예측했던 대로, 우리 학과에서 실력은 상위 5%도 아니었다. 난 상위 1%였다. 선배들과 겨루기 해도 절대 기죽지 않았다. 예전엔 선배와 겨루기 하면 '얼굴을 때리지 않는다.'라는 암묵적인 룰이 있다. 예의를 갖춘다는 의미였지만, 그런 예의는 있어선 안 된다. 태권도 선수 시절 선배 얼굴을 때리면 오히려 잘했다며 칭찬받았다. 그 행위는 예의를 지키는 행위가 아닌, 서로 실력 향상에 걸림돌이 될 뿐이다. 그래서 뒤 없이 실력으로 겨뤘다. 처음 실기 운동 끝나고 우리는 얼차려를 받았다. 왜? '싸가지 없다.'라는 이유였다. 내가 고등학교 2~3학년 머리 박은 횟수보다 대학교 1학년 1학기 때 머리 박은 횟수가 더 많다. 이유는 싸가지 없고, 개념 없다는 이유다.

그때부터 본격적인 학교생활이 시작되었다. 턱걸이 못 하면 밥 먹을 자격도 없다고 하여 점심시간 동안 운동장 트랙을 뛰었다. 턱걸이 못 하면 수업도 들어가지 말라고 하였고 진짜로 수업도 못 들어가고 트랙을 뛰었다. 그러면서 선배는 수업에 들어갔다. 선배들 입장에서 나는 무개념이었고, 눈에 보기도 싫은 후배였다. 로마에 가면 로마법을 따라야 하지만, 로마법을 따르지 않고 하는 척하며 왜 맞아야 하는지, 왜 이래야 하는지 불만투성이인 나를 보며 이해하지 못했을 것이다. 그래서 더 머리를 박았을 수도 있다. 술에 취해 실수 많이 했다. 인정한다. 무개념적 행동으로 인해 무시와 하대는 심해졌다. 입학했을 때 성적, 그리고 무개념적 행동에 대한 책임을 감내해야 했다. 싫으면 싫다 이야기를 해야 했었지만, 말을 못 했다. 물론 말한다 하여 그게 받아들여지는 시대도 아니었다. 어떻게 말을 조리 있게 하는지도 몰랐다. 화를 내는 법을 몰랐다. 그리고 말을 어떻게 해야 할지도 몰랐고, 멍청했다.

그래서 아무 말도 못 했고 속으로 삭혔다. 속으로 삭히며 '그래, 나중에 직장 누가 더 취직 잘하나 보자.'라며 속으로 다짐했다. 내 본심을 안다 하더라도 물론 선배들 입장에서는 '당연히 너보다 취업 잘한다.'라고 생각하며, 무시하고 넘겼을 것이다. 무시당하는 사이 승부욕이 생기고 있었다. 승부욕이 '넌 망해라!!' 이게 아니라 '너 성공해. 나도 성공할게. 대신 너보다 더 성공할게.'라는 의식이 박혀 있었다. 그러다 보니 피하지 않고 한 귀로 듣고 한 귀로 흘리게 되었다. '그래? 그러지, 뭐~ 그렇구나~' 이렇게 넘겼다.

지금은 한 단계 발전하였다. 업무 도중 '그래? 그럴 수 있지~ 그렇구나~'로 되었고, 현 상황에 맞게 최선의 선택하기 시작했다. 물론 좋은 점으로 발전해서 좋긴 하지만, 난 남들의 눈치를 봐 가며 내가 하고 싶은 걸 제대로 하지 못했던 것에 대해 후회한다. 남의 눈 무서워서 내가 하고 싶은 대로 하지 못하고 괴롭고 힘들었다. 그리고 틀에 박힌 생각에 나 역시 그 틀에 따라가야만 성공하는 줄 알았다. 서로 간의 매너는 지키되, 하고 싶은 게 있다면 꼭 해 봤으면 한다.

PS. 역동적인 대학 생활은 재미있을 땐 재미있었고, 힘들 땐 많이 힘들었다. 그리고 죽이 잘 맞는 나 포함 5명, 이 친구들에게 즐거운 대학 생활을 만들어 줘서 고맙다 이야기하고 싶다. 그리고 나 때문에 힘든 1학년을 보낸 동기들에게 다시 한번 미안하다 이야기하고 싶다.

잘못된 라이프 스타일을 배웠다

남들이 한다고 나도 똑같이 해야 한다는 법은 없다.

대표님, 회장님께 인생을 잘 배웠지만, 기본 생활을 잘 배우진 못했다, 오해했다. 그분들은 그분들의 '재력'에 항상 좋은 것, 맛있는 것, 라이프 스타일을 즐기실 수 있었을 터이다. 그 라이프 스타일을 따라 해야 한다고 생각했다. 재력이 되지 않는데도 말이다. 나에게 맞지 않는 기본 생활이었다. 그러다 보니 점점 자신을 갉아먹는 듯한 느낌을 받기 시작했다.

"나는 그 정도의 매력이 있는 사람이 아니었는데, 나는 항상 매력이 있고, 항상 대우받아야 하고, 항상 맛있는 음식을 먹고, 항상 좋은 곳에서 술 마시고, 항상 고퀄리티 인생을 살아야 한다."

누구나 원하는 삶 아닌가?

전부 이렇게 살고 싶지 않은가?

그 잘못된 생각이 갉아먹기 시작했다. '내가 뭐라고? 너 그 정도 안되는 사람이잖아.'라고 인정하면서부터 조금 편안해지기 시작했다.

그리곤 무기력해지고. 현타가 제대로 와 버렸다.

노력해서 뭐 해? 어차피 부자 안 될 건데….

무기력, 상실감, 좌절감 세 가지가 같이 와 버렸다. 그중에 가장 크게 온 것은 바로…

'무기력'이었다.

지금 와서 무기력했던 때를 생각하면 '그땐 왜 그랬을까?'라고 웃을 수 있지만 그때 당시엔 너무 힘들었다. 숨고 싶었고, 그냥 모든 것을 다 포기하고 시골에 다시 가고 싶었다. 무기력 때문에 나는 나를 비난하게 되었다. 그간 열심히 살았던 대학교 시절 하루 두세 탕 아르바이트하면서 열심히 살았는데도, 현실은 당장 눈앞에 변한 게 없고, 나이만 한 살 두 살 들어 갔다. 나는 더욱더 무기력해질 수밖에 없었다. 무기력은 간단하게 다룰 문제가 아니었다. 무기력이 또 다른 안 좋은 것들을 데리고 오는 것 같았다. 마치 블랙홀이 무기력 같았고 안 좋은 것만 빨려 들어오는 거 같았다. 그것이 바로 우울증의 시작이었다. 혹시나 누군가 '무기력해졌다.'라고 한다면 적극 추천하고 싶은 게 있다. 절대 무기력했을 때 절대로 혼자 있지 말아라. 혼자 있고 싶을 것이다. 그래도 절대 혼자 있지 말아라. 혼자 있으면 더욱 더 무기력해진다.

무기력해지다 보니 모든 일에 자신이 없었다. 자신이 없다 보니 자신 있는 '척'을 했다. 척을 하다 보니, 진짜 속마음을 터놓고 이야기하고 싶었다. 지금 상황이 짜증 나고 화나고 무섭고 두려워도, 이렇게 속마음을 터놓고 이야기할 수 있는 친구들은 전부 고향에 있었다. 홀로 서울에 올라왔다. 친구들이 그립기 시작하며 향수병이 왔다. 술을 한잔 마시고 집에 들어가면 항상 집에서 울었다. 친구들이 보고 싶어서. 술을 안 마셨을 땐 감정 조절이 잘되었다. 하지만 맥주 한잔하면 감정 조절을 하지 못했다. 고향에 가고 싶어도 못 갔다. 만약 간다면 다시 올라올 용기를 낼 수 없을 것 같았다. 고향에 친구가 많은 것도 아니었다. 그냥 고향이 그리웠다. 친구가 그리웠다. 친구와 전화하면 괜히 더 약해지는 것 같아 연락도 잘 안 했다. 혼자 올라와서 잘 사는 모습을 보이고 싶었기 때문이다. 지금 생각해도 그땐 정말 슬프게 많이 울었던 것 같다. 그냥 눈물이 나왔다. 그것도 서럽게….

그러다 어느 순간 괜찮아졌다. 괜찮아졌다고 생각했다. 그러다 보니 졸업했다. 대학교 졸업 후 현실과 사회에 나왔다. 현실 사회에 대학교 때 느낀 향수병과 우울증이 같이 오기 시작했다. 이 사회에서 나의 자리는 없다고 느꼈기 때문이다. 일하며 지내도, 편의점에 가거나, 사람 있는 곳에 가면 사람들이 다 나를 보는 것 같은 느낌이었다. 사람들의 시선이 두려웠다. 그리고 실제로 받은 부정적인 말들은 승리욕을 키우긴 해 줬지만, 반대로 걱정과 고민거리도 같이 키워 줬다. 모든 사람이 욕하는 것 같았다. 쟤 못해, 쟤 못생겼어, 쟤 왜 저래? 이러는 것 같은 눈길. 맞다 대인기피증 같은 게 있었는지도 모른다.

안 좋은 것은 항상 같이 온다고 하지 않나? 나에게도 나쁜 일은 한 번에 찾아왔다. 향수병과 우울증, 그리고 무기력, 상실감, 좌절감 와선 안 될 것이 한번에 와 버렸다. 마치 때를 기다렸다는 듯이…. 그리고 향수병과 우울증이 같이 왔을 땐 나도 모르게 그 녀석과 베스트 프렌드가 되어 있다.

무기력에서
빠져나왔던 방법

　나 같은 경우는 뭔가를 해도 안 되다 보니, 우울증과 무기력이 같이 와 버렸다. 무언가 안 되는 것은, 무언가에 '도전'했다고 볼 수 있다. 도전은 성공과 실패 명확하게 나뉜다. '도전은 성공을 위한 과정인데, 그것이 우울증과 무기력에 빠질 만한 것인가?' 이렇게 생각할 수 있다. 맞다. '과정'일 뿐이다. 하지만 그 과정에 있어 노력한 만큼 결과가 안 좋은 결과가 지속된다면 '나는 아무리 노력해도 시험에 떨어지는구나.'라는 인식이 생겨 버린다. 그것도 아주 자연스럽게.

　생각해 보면 무기력이 태권도 선수 때부터 조금씩 나에게 한 걸음씩 다가오고 있었던 거 같다. 경기력이 나쁘지 않은데, 질 때가 있다. 그리고 시합 나갈 때마다 질 때가 있다. 선수들이 가장 싫어하는 루트이고, 코치님이 제일 싫어하는 루트이다. 전국 대회는 학교별 각 체급 1명씩 나갈 수 있다. 선수들은 성과가 없으면 전국 시합에 나가지 못한다. 그리곤 슬럼프에 빠지게 된다. 슬럼프 역시 무기력인 듯하다. 경기 시작도 하지 않았는데, '또 질까?'라는 패배감이 나도 모르게 쌓여 슬럼프라고 칭했던 것 같다. 큐레이터라는 직업을 하면서 많은 걸 찾아봤다. 큐레이터 전 프리랜서였을 때 나는 자존감 110%였다. 프리랜서로서 한 달에 많이 벌면 800만 원~900만 원, 적게 벌면 300만 원 ~400만 원을 벌었다. 그 때문이었을까? 나의 자존감은 높아졌었다. 그 높아진 자존감 때문에 무기력했던 그때를 떠올리다 무기력에 대해 찾아보며 적어 둔 게 있다. '다시는 무기력에 빠지지 않겠다.'라며 찾아보고 또 찾아봤다. 그리고 적어 놨다.

또다시 무기력이 올 것 같은 느낌이 온다면 나의 경험했던 대로 무기력과 베스트 프렌드가 되지 않기 위해서 나름대로 무기력에 대해 공부한 내용을 독자분들과 공유하겠다. 이 공부한 것을 독자에 대한 관점이 아닌 나에 관점에 쓴 점을 참고 바란다.

이 정보는 여기저기서 찾다 보니 출처가 정확하지 않다는 점 참고 바란다.

무기력에 빠지기 쉬운 상황은 다음과 같다.

1) 부정적 보상이 덮쳐 올 때

무기력은 대상을 가리지 않고 누구에게나 찾아온다. 대기업 다니는 직장인, 직장에 다니는 사람들, 대학생, 고등학생, 주부, 가장, 전부 속한다. 무기력에 빠지는 대표적인 이유는 '보상 문제'이다. 승진, 월급, 칭찬, 관심, 욕심 등이 있다. 이 중에도 '긍정적인 보상'과 '부정적인 보상'으로 나누어진다. '긍정적인 보상'은 당연히 기분 좋은 사건을 야기한다. 반면 '부정적인 보상'은 실패, 불합격, 무관심 혹은 냉소적 반응을 야기한다. 누군가가 갑자기 의욕을 잃었다면, 커다란 '부정적 보상'이 누군가에게 왔을 가능성이 크다.

내가 정말 열심히 했는데, 정말 누구보다 열심히 했는데, '내가 고작 이걸 위해 고생했나? 내가 고작 이 정도밖에 안 되는 사람인가?'라며 의욕을 잃고 무기력에 빠져 버린다.

2) 소진증후군

소진증후군(Burnout syndrome), 즉 '방전되어 의욕을 잃었다.'라고도 한다. 이런 경우엔 긍정적 혹은 부정적 보상물과는 별개로 무기력에 빠진다.

이 경우엔 '체력적인 문제'라고 볼 수 있다. 그 보상물에 의지해 7년 치 에너지를 3년 만에 쓴다면 당연히 힘이 빠지고 무기력해진다. 물론 당시엔 '체력도 따라올 것이다. 습관이 될 것이다. 젊을 때 고생해야지 언제 고생하냐?'라며 반문할 수도 있지만, 그러다 보면 무기력에 빠지게 된다. 그 무기력에 빠지지 않게 푹 쉬며, 몸이 힘들면 영양제라도 맞으며 쉬고, 잘 자고 잘 먹어야 조절이 가능하다. 남들보다 소진증후군에 빠지는 사람들은 체크할 사항이 두 가지 있다. '내과적인 건강 상태'와 '수면 부족'이다.

3) 불안이 많은 사람

모든 일을 완벽하게 하려는 사람이 있고, 그 사람은 항상 '최선'과 '최악'을 생각한다. 그런데 '최악' 부정적인 생각이 더 많다. 20대는 어느 정도 미숙하다라는 생각으로 버티지만, 중년에 접어들어서는 빠른 시일에 상담을 받아야 한다!

경험상 무기력에 강화되려면!

1) 내가 당당했을 때를 찾아라

나는 '돈'이 있을 때 당당함이 유지되는 것 같다. 그 '돈'으로 무기력과 활동성이 확 다르다는 걸 느꼈다.

나는 20살 때부터 가족과 떨어져 살았다. 22살 군대 전역하고 누나와 단둘이 살았다. 누나와 함께 살았어도, 누나가 보호자처럼 나를 챙겨도 나는 불안했다. 생존에 대한 불안.

그 생존을 하려면 '돈'이 필요했다. 그 '돈'을 벌려고 노력 많이 했다. 하지만 나의 노력에 대해 나는 돈으로 충분히 보상받지 못했다 생각했다. 밥 한 끼를 먹어도 당당히 먹을 '돈'이 있을 때 당당함이 유지되는 것 같았다.

2) 평소 내가 재미있었던 일을 찾아라

'무기력은 의욕 저하이다.' 재미를 느껴야 의욕이 생긴다. 이 의욕은 사소한 것에서 찾을 수 있다. 취미 생활을 보면 된다. 평상시 내가 제일 좋아하는 취미. 그 취미 생활은 내가 좋아해서 지속적으로 하다 보니 생긴 습관이다. 그것을 취미라 칭한다. 취미가 무엇인지 생각하고 행동하라. 대신 그 취미가 '술'이면 안 된다. 술 취하면 나도 모르게 내면에 있는 무기력과 우울감이 다시 나와 나를 지배한다. 무기력할 땐 절대 술을 많이 마시지 말자. 그 술로 인해 저번처럼 우울감으로 빠질 것이다. 두 번 다시 우울감에 빠지지 말자.

3) 행동

두 번째 재미있는 일과 내용은 비슷하다. 재미있는 일을 찾고 행동을 해야 한다. 생각해 보자. 운동선수들 예를 들어 손흥민 선수를 보자. 손흥민 선수는 경기 때 슬럼프에 빠져도 무기력한 모습을 보인 적 있는가? 기분 안 좋아 보일 수 있다. 그렇지만 무기력하진 않다. 그 슬럼프를 빠져나오기 위해 더 혹독한 트레이닝을 한다. 그 뒤에 있는 남들이 모르는 노력은 우리는 보지 못하고 결과만 본다. 나도 꼭 행동으로 옮겨야 한다. 그래야 한다. 고등학교 1학년 때인가 2학년 때인가. 나이키에서 빨간 팔찌가 나왔다. 어디서든 쉽게 구입할 수 있는 팔찌. 편의점에서도 팔았었다. 그 팔찌에 새겨진 문구 'Just do it!' 하면 된다. 그래, 나도 하면 된다는 생각으로 무기력에 강한 사람이 되겠다고 다짐했었다.

이게 내가 경험하며 찾아보고 공부했던 내용이다. 별게 없다. 안다. 하지만 나에겐 힘든 시즌이었고, 힘든 시즌에 나는 신중하게 알아본 것들이다. 나에겐 소중한 정보이다. 그리고 다짐했던 것들이다. 나와 같은 상황의 독자라면 꼭 참고하길 바란다.

그리고 나와 같은 무력감에 빠지지 않길 바란다. 만약 빠졌더라도 그 무력감과 일찍 절교하길 바란다.

열심히 살았다,
그냥 열심히만 살았다

열심히 살았다. 정말 열심히 살았다. 그냥 열심히만 살았다.

다들 열심히 산다 생각했다. 나보다 더 열심히 살 거라 생각했다. 열심히만 살면 나도 순차적으로 성공할 줄 알았다.

주어진 일, 그리고 돈 잘 모으면 나도 서울에 40평대 아파트에 살고, 성공하는 사람이 되는 줄 알았다.

이때까지만 해도 나의 목적은 '성공하고 싶다.'였다. 성공하기 위해선 '열심히 살아야 한다.'였다. 그래서 열심히 살았다. 1차원적으로. 누구보다 열심히 살았다. 그런데 현실은 나아지지 않았다. 그래서 생각해 보았다.

정말 내가 열심히 살았는가?

누구보다 열심히 살았다고 자부할 수 있다. 그러나 현실을 보았다.
* 열심히 살았다는 가정하에 현실을 보았다.

1) 아파트가 있나?

2) 차는 어떠한가?

3) 수중에 돈 당장 융통할 수 있는 돈은 얼마나 있나?

4) 빚은 있나?

이 세 개 질문에 대한 답이다.

1) 아파트 없다. 빌라 한 채가 있다.

2) 차는 있다.

3) 융통 가능한 금액은 약 300만 원이다.

4) 약 1억 5천만 원의 빚이 있다(주택담보대출 포함).

어떠한가?

이게 성공한 삶인가? 누가 봐도 성공하지 않은 삶이다.

그렇다면 반대로 생각해 보자.

본질로 돌아가 봐야 한다.

나는 성공을 하고 싶었다. 어떻게 성공해야 할까?

성공에 대한 이유를 찾아야 했다. 그래서 아무것도 없는 솔직한 나를 뒤돌아보기로 했다.

* 독자분들도 한번 해 보기를 바란다.

1) 목적은 무엇인가?

2) 어떤 것으로 성공하고 싶었나?

3) 어떻게 성공하고 싶었나?

이 질문에 답을 해야 했다.

1) 돈

2) 직장생활? 사업? 직위? 다 성공하고 싶다.

3) 성공하고 싶지만 어떻게 성공하고 싶은진 모르겠다.

나의 솔직한 대답은 이러했다.

목적 즉 본질 없이 오로지 '돈'만 보고 살아왔다. 어떻게 성공하고 싶은지, 어떻게 살고 싶은지 모른 채로 말이다.

나는 '어떻게 돈을 벌 것인가?'라는 본질을 찾지 못한 채, 그냥 회사를 다니면 남들만큼 잘살 줄 알고, 월급을 모으고, 부모님께 용돈 드리고, 집 대출 갚고, 아이를 키우는 것이 다라고 생각했다. 현실을 바라보니 아무리 생각해도 월급으론 턱없이 부족했고, '이게 진정 내가 원하던 삶인가?' 라는 생각을 하기 시작했다.

성공에 대한 열망은 있지만, '어떻게' 성공할 것인지는 찾지 못했다. 본질을 찾지 못한 채 계속 성공에 대한 열망을 자극했다.

그러지 못하고 그냥 열심히만 살았다. 실속 없이 말이다. 허송세월한 셈이다.

그러다 보니 하루하루 살아가는 사람이 되어 있었다.

제대로 알아본 거 맞아?

　누구나 지금까지 무언가 알아보고 친구나 주위 사람들에게 조언을
구한 적이 있을 것이다.
　그렇다면 생각을 해 보자.

　'조언을 구했을 때 주위 사람들의 반응은 어떠하였나?'

　긍정적인 반응과 비판적인 반응이 있다.
　우선 긍정적인 반응은 이러하다.

　'오~ 되게 좋다. 이거 어떻게 알아봤어? 나도 이거 할래. 되게 잘 알
아봤다.'

　내가 알아본 것에 대해 호의적인 반응이 있다. 반면 부정적인 반응
은 이러하다.

　'이거 맞아? 제대로 알아본 거 맞아? 아니야, 이거 아니야. 사기 아

니야? 인터넷에 다 나와 있어.'

등 반응이 다양하다.

맞다. 물론 잘 알아봐야 할 것이다. 그 알아보는 와중에 지인들의 의견을 참고를 해야 한다. 두세 번 알아본 게 있고 정확한 일인데도 그거 맞아? 물어보면 그냥 참조만 할 뿐이다.

지인의 의견을 듣지 않고 일을 진행했다가 잘 안 될 때도 있을 것이다. 안 됐을 때 지인들은 꼭 이렇게 이야기한다.

'거봐. 내 말 안 듣고 하다가 저렇게 됐잖아. 쟤는 나 안 믿어.' 등 비난적인 말을 한다.

그리고 우연한 자리에서 만났을 때 그 지인은 깔보기 시작한다. 자기 말이 다 맞는 말이라고 생각하기 때문이다. 나의 주위 사람 역시 동일하다. 긍정적인 반응으로 이야기해 주는 사람, 부정적으로 이야기해 주는 사람. 예전엔 주위 사람들에게 물어보면 알아봐 주는 대로 그냥 했다. 그러다 잘 안 됐다 그러면 누구의 탓인가? 결국은 내 탓이다. 알려 준 사람에게 탓을 할 수 없다. 탓을 하게 되면 '한번 더 알아봐야지!'라며 오히려 '내 탓'을 한다. 그때 알았다. '물어보되, 선택은 내가 하는 거다.'라고.

대부분의 사람은 부정적으로 생각하면 멋있는 줄 안다.

그리고 부정적으로 말하는 게 당연하다고 생각한다. 왜? 내 말이 맞으니까. 내 주관이 맞으니까. 지금부터 한 가지 예를 들어 보겠다. 이 예시는 혼자 사는 사람처럼 '나 잘났다!!' 하면서 개인적으로 살라는 건 절대 아니다. 당연히 맞춰 가는 사회에서 요구하는 '기본 상식' 즉 '개념'은 있어야 한다. '기본 상식' 즉 '개념'을 기본적으로 생각하며 봐야 한다.

말 한마디 잘못한다면 그 화살은 온전히 나에게 돌아온다. 돌아올 땐 화살이 되어 돌아오는 것이 아닌, 총알이 되어 돌아온다.

남들이 틀렸다 하더라도, 나와 생각이 같지 않더라도, 누군가가 나를 욕하더라도, 무조건 비방하거나 무시하거나 욕을 하면 절대 안 된다. 잘못 행동한 사람의 잘못은 누구나 알고 있다. 똑같은 사람이 될 수도 있다는 뜻이다.

겉멋에 들어 똑같은 부정적인 사람 혹은 욕하는 사람이 될 것인가? 아니면 그런 사람들이 있음에도 똑같은 사람이 아닌 현명한 사람이 될 것인가?

세 번째

왜 성공에
목말랐을까?

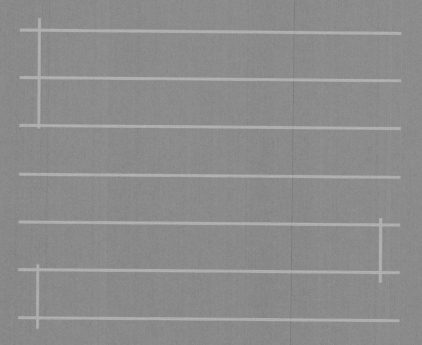

왜?
만 원 떼 주랴?

    수행비서는 총 2년 정도 했다. 회장님을 모실 때 약 1년 2개월 정도 일했다. 딱 1년째 되는 날에 퇴사하려 했는데, 일정 때문에 그렇게 할 수 없었다. 그만두고 내가 하고 싶었던 쇼호스트 학원에 등록했다. 그 쇼호스트라는 직업은 수행비서 할 때 가장 많이 접했다. 수행비서는 퇴근 시간이 정해져 있지 않다. 퇴근 시간이 새벽 2시일 수도, 오후 7시일 수도 있다. 야근이 많았고, 새벽에 퇴근하는 경우가 많았다. 퇴근해서 집에 오면 바로 TV부터 켰다. 켤 때마다 홈쇼핑이 나왔다. 샤워하고 꼭 작은 맥주 한 캔을 마셨다. 드라마에서 보는 그대로 '허세'라고 생각하겠지만, 절대 아니다. 너무 피곤하다 보니 소주를 마실 순 없고, 그냥 자려니 너무 피곤해 잠이 안 왔다. 그러다 보니 작은 맥주 한 캔은 꼭 마시고 잤던 것 같다.

    나는 살고 싶어 맥주를 마셨다. 일찍 퇴근하면 당연히 저녁을 먹었겠지만, 새벽에 퇴근할 때 저녁은 맥주였다. 맥주를 마시며 홈쇼핑을 많이 봤다. 왜 홈쇼핑이었는지 모르겠다. 쇼호스트 준비생이 될 때 큰 결심을 해야 했지만, 프리랜서는 상사가 없으니 오히려 좋다고 생각했다. 수행비서를 그만둔 이유는 상사다. 상사가 나에게 했던 두 마디는 죽을 때까지 잊지 못할 것이다.

첫 번째는 '네가 뭘 할 줄 안다고 그만둬? 그만둘 생각하지 말고 일이나 해.'

이 말을 듣는 순간 지금까지 경험하지 못한 분노를 느꼈다. 최악이었다. 아니? 그때 당시 기분은 욕밖에 나오지 않는다. 그 말 때문에 나는 '악'에 받쳤다고나 할까? '복수심?'이었던 것 같다. 상사 욕을 한다는 건 나의 얼굴에 침을 뱉는 거 같지만 그런 사람 밑에 무려 1년 2개월이나 있었다. 있었던 이유는 그 회사를 가기 위해 약 2년을 기다렸기 때문이다. 회장님께 배울 것은 많았지만 직장 상사에게 배울 거라곤 없었다. 아, 배운 게 있다. 그 상사 덕에 '악'이 생겼고 '끈기'가 더 좋아졌다.

두 번째는 '왜? 만 원 떼 주랴?'

회장님께서 한국 일정을 마치고 일본으로 넘어가실 때 거의 100만 원씩 현금을 주셨다. 한국에 있을 때 고생했다는 의미로 현금 100만 원씩 주셨다. 이 현금을 직접적으로 주실 때가 있고, 직장 상사에게 나의 몫까지 주실 때가 있다. 나의 몫을 나에게 직접 주려다 상사에게 줬고, 회장님이 출국하신 후 벤치에 앉아 있었을 때 그 돈을 세보다 갑자기 나를 보며 '왜? 만 원 떼 주랴?'라고 했다. 그때 들었던 심정은 분노는 물론이고, '저 사람 머릿속엔 뭐가 들어 있을까?'였다. 뭐라 말을 하지 못하겠다. 정말 더럽고 치사했다. '왜? 만 원 떼 주랴?'라는 단어에 오만 정이 다 떨어졌다. 그만둘 때 더욱 다짐했다.

'꼭 성공한다. 내가 보여 주겠다.'

라고 다짐하고 또 다짐했다. 그리고 정신 상태가 슬슬 풀릴 때마다 항상 상사를 생각한다. 그 상사가 나에게 줬던 모욕감을 꼭 갚아 주겠다고.

무시받아도 화내지 못했던 이유

수많은 무시와 하대를 받았다. 그중에서 제일 많이 받은 하대는 '네가?'였다.

그래, 내가!!!!!!!!!!!!

'내가 한다는데 네가 뭐라 그래!! 나도 이거 하고 싶어!! 해 보고 싶다고!! 나도 성공하고 싶다고!!'

라는 말을 속으로 엄청나게 많이 했다. 근데 서러운 게 뭔지 아는가?

그 말에 반박할 수 없다는 것이다. 당장 보여 줄 수 있는 게 없다는 것이다.

참 슬프고 화나는 현실이다. 너무 화난다고 미쳐 버릴 것만 같았다. '네가 뭔데 날 무시해!!!'라고 큰소리를 치고 싶지만 그리지도 못했다.

어떻게 화내는지도 몰랐다.

그러면서 기분은 상하고, 자존심도 상하고, 나의 가치도 하락하는 것 같은 느낌이었다.

생각할수록 분하고 미치겠다. 짜증이 엄청나게 났다. 모든 게 싫었고, 세상이 원망스러웠다. 화나서 미치겠다. 그런데도 당장 화를 낼 수 없는 자신조차 싫었다. 화를 내고 싶지만 내지는 못했다. 그리곤 무시받는 상황을 회피하려 했고, 회피하는 방법을 찾았다. 그 방법은 단순했다.

무시와 하대를 인정하고 복수를 꿈을 꾸었다.

그 첫 번째 복수는 남들이 인정한 직업을 갖는 것이었다.
'지금은 내가 너보다 이걸 못해. 그래도 나는 이걸 할 거야. 그래야 내가 나중에 성공할 거니까.'라고 위로했던 것 같다.
'취업'이란 단어로 현재 내 상황을 회피하였을 수도 있다. 허나 회피가 아닌, 작은 것부터 인정하며, 현실을 받아들이기 시작했다.
지금의 나와, 지금의 다른 사람을 먼저 상황에 맞게 비교하였다. 남들이 나보다 훨씬 나은 삶을 살았다. 그리곤 인정했다. 인정하니 조금 편해지며, 내가 해야 할 일들이 조금씩 보이기 시작했다.
나아지기 위해 어떤 것을 해야 할지, 원하는 것을 하기 위해 무엇을 차례대로 진행해야 할지가 보였다.

그리고 놀라운 점을 하나 더 찾았다.
이상하게 취업을 잘할 것 같았고 매번 입 밖으로 이야기했다.
그런데 실제로 취업을 잘했다.
내 전직 직업은 회장님 비서였고, 쇼호스트가 되지는 못했지만, 프리랜서로 나름 돈도 잘 벌었다. 그리고 지금은 갤러리 관장이다.
말을 내뱉는 순간 그 말을 현실로 만들기 위해 노력했던 것 같다.

인정하며 발전해라. 그리고 말을 해라. 그리고 그 말을 지켜라.
할 수 있 다.

욕을 할 것이냐,
부러움의 대상이 될 것이냐

누군가는 또 욕할 것이다. 아는 것도 없으면서 갤러리 관장한다고. 맞다. 세상에 욕하는 사람은 항상 존재한다. 비방하는 사람들은 항상 자기 관점에서만 생각한다. '한 작심삼일로 끝날 거야. 안 하겠지. 내가 했으면 그거보다 더 잘했을 거야! 그럴 거면 저 허세는.'이라며 엄청나게 비난한다. 이제는 그런 사람들에게 감사함을 느낀다. 그런 사람들이 있기에 나는 모든 일을 했을 때 남들보다 앞서 있다는 느낌을 받기 때문이다.

대부분의 사람들은 성공하려 나름 최선을 다해 노력한다. 물론 다른 사람들도 열심히 노력할 것이다. 나 역시 하루 4시간 자면서도 생활했다. 핑계를 만들지 않고 노력하려 했다. 잘 안 될 뿐이지만. 그래도 노력했다. 지속해서 하려고 노력했다. 그러면서 발전했다. 더디지만 조금씩 발전했다. 계속 발전해야 한다는 생각으로 살았다. 남들이 나를 어떤 이유로 욕을 하면, 욕할 수 없을 정도로 그것을 발전시키려 했다.

'한 말에 결과를 내느냐, 못 내느냐.'가 비난하는 사람과 행동으로 옮기려는 사람의 차이라고 생각한다.

물론 한 말을 100% 실행으로 옮기지는 못 한다. 그런데도 100%를 만들려 노력한다. 못한 건 못한 거다. 결과를 낸 건 결과를 낸 거다. 결과를 냈을 때 좋았던 것, 다음에 다른 걸 할 때 참고해야 할 경험치가 쌓인 것이다. 반면 못한 것도 경험이다. 못한 것은 못했을 뿐이다. 왜 내가 못했는지, 어디에서부터 내가 잘못 생각한 건지, 내가 어디를 놓쳤는지, 내가 너무 섣부르게 행동하지 않았는지, 무엇을 놓쳐 내가 못 한 건지를 분석한다. 그래야 다음에 해야 할 것을 더 생각해 보고 진행할 수 있다.

이렇게 오해할 수도 있다.

"그럼, 다른 사람들이 이야기하는 건 듣지 말아야 하는 건가?"라고.

제2, 제3자의 말은 당연히 들어야 한다. 하지만 그 말들이 다 맞는 말은 아니란 뜻이다.

한 배에 사공이 많으면 배는 산으로 가듯 독자들의 인생은 독자의 것이다.

참고할 것은 참고하고, 참고하지 않을 것은 과감히 하지 말아라. 조언은 제2, 제3자의 입장과 관점에 따라 달라진다. 입장과 관점이 독자의 상황과 다를 뿐이다. 그 다름은 누구도 알지 못한다. 그 다름은 본인만 알 수 있다. 그 다름을 일일이 설명하면 좋겠지만, 설명하기 힘들다면 '미안하다. 상황과 맞지 않았다.'라고 짧게 대답해 주는 것을 추천한다.

독자의 인생은 독자의 것이다. 다른 사람들이 절대 살아 주지 않는다. 독자의 상황에 맞게, 독자의 현실에 최선의 선택을 하면 된다. 최선의 선택을 했음에도 실패할 수도 있다. 실패하더라도 나중에 같은 실수를 반복하지 않게 현실적으로 생각을 해 보고, 현실에 맞게 최선의 선택을 하면 된다.

그럼 무엇을 해야 할지 판단이 될 것이고, 발전하는 것이 몸으로 느껴질 것이다.

누군가가 만들어 놓은 '틀'에 들어가지 말고 내가 만든 '틀'에 상대방을 넣어라.

현시점의 독자는 어떠한가? 현실적으로 받아들이고 있는가?

난 언제 기회가 올까?

이 내용이 너무 좋아서 이 내용을 토대로 이야기하려 한다. 'World Knowledge Forum'에 올라온 셀트리온 서정진 회장의 진솔한 이야기이다.

서정진 회장은 태어났을 때부터 셀트리온 회장이었을까? 그에게는 수많은 고난과 역경이 있었고, 실패라며 비난을 받아야 했다.

서정진 회장은 뼈저린 가난 속에 태어나, 유년 시절부터 연탄을 날랐으며 성인이 되고서는 24시간 택시를 몰고 24시간 학교에 다녔다고 한다.

누군가는 실패라고 말했을지 몰라도 그에게는 그저 배움이고, 성장의 기회였다고 생각했다고 한다.

아래 내용은 셀트리온 서정진 회장의 진솔한 이야기를 타이핑한 것이다.

"'실패'라는 말은 관 뚜껑 닫기 바로 직전에 쓰는 거예요.

근데 '불가능'이란 단어, '불가능'이 어디 있어. '어려운'거지. 어려운

건 자고 일어나서 다시 하는 거예요.

내가 해 본 경험으로는 절박하면, 절실하면 이겨 내게 되어 있어요.

시작하면 꼭 성공해요.

도전해 보라고 그러면 많은 사람이 '늦었다.' 그래요.

나는 마흔다섯 살에 시작했어요.

그 다음에 '돈 없다.' 그래요.

오천만 원 가지고 시작했어요.

그 다음에 '그쪽 분야의 전문가가 아니야.'라고 그래요.

나는 생명공학과, 약학과, 의학을 다 독학한 사람이에요.

그런 건 전부 '핑계'일 뿐이에요.

그게 절실하면 하게 되어 있어요.

도전하시는 게 중요해요.

도전하면 언제까지 하는 거냐.

성공할 때까지 가는 거예요.

그래서 '실패'라는 단어는 없어요.

아직 성공하지 않은 거지.

내가 해 보니까, 5000만 원 가지고 전 세계 부자 1000등 안에 들어가는데 11년 걸리더라고.

'이게 위기일까? 기회일까?' 망설일 거 뭐가 있어요.

하다가 실패하면 다시 하면 되는 건데.

도전하는 게 중요해요.

도전하면 언제까지 하는 거냐.

성공할 때까지 가는 거야.

아직 성공하지 않은 거지 실패라는 말은 없는 겁니다."

성공하지 않은 거지 실패하지 않았다. 내용 멋지지 아니한가? 너무 멋있는 말이고 깊게 새기며 살아야 할 명언이다.

노력은 당연히 해야 한다. 이 노력을 실행력으로 만들어야 한다.

이 내용을 언급한 이유는 '난 언제 기회가 올까?'라고 생각하며 한없이 기다린 적이 있다.

기회는 절대 기다리는 것이 아니다. 물론 '시험'은 '시험 보는 날'이 정해져 있다.

기회는 날짜가 정해져 있지 않다. 항상 기회다. 매일이 기회다. 그 기회를 보람 있게 지내느냐, 보람 없게 지내느냐가 쌓이고 쌓여 나중에 결과물이 나온다.

그러니 '아직 기회가 안 왔을 뿐이다! 기회만 오면 확! 잡아 버리겠다!'라며 절대 위안 삼지 말아라.

기회가 왔을 때 '저 기회 왔어요~ 똑똑똑, 지금 왔습니다. 잡으셔야 합니다. ^^'라고 친절하게 이야기해 주지 않는다.

갑자기 왔다가 갑자기 간다. 그러니 정신 똑바로 차리고 하루하루 기회 왔다 생각해야 한다.

세상에서 가장 무서웠던 말

난 지금까지 살면서 가장 무서운 말을 본 적이 있다.

*보도 섀퍼가 한 말이다.

"세상에서 가장 무서운 중독은 낮은 수준에 중독되어 있는 것이다."

말이 가장 무서웠다.

예전에 삶에 안주하던 나를 보는 것 같았다. 순간 움찔했다. '이 정도 월급 받으면 됐지. 이 정도 집에 살면 됐지.'였다.

발전을 하는 게 아니라 그냥 그 자리에 멈춰서 현실에 타협하여 한량하게 산다는 거밖에 안 된다. 성공을 해야 하는데, 이미 타협을 해 버리고 있는 것이었다.

이렇게 무의식적으로 현재 생활에 중독이 되어 버리면, 평생 그 자리에 그대로 있는 사람밖에 안 되는 것인데, 난 이미 타협을 해 버렸었다.

지금이 성공했다고 생각했기 때문이었다. 내가 만약, '예전에 '부자가 되고 싶다.'는 것을 생각하지 않고, 그냥 현실을 살았다면, 어땠을까?'라는 생각을 해 본다. 물론 지금도 부자는 아니다. 어떻게 부자가 될지 곰곰이 생각하고 또 생각 중이다.

너무 무섭지 않은가? 남들보다 더 잘살고 싶었지만, 그냥 현실에 중독되어 있는 사람 중 한 명이었다.

* 보도 섀퍼는 독일 출신의 세계적인 경영 컨설턴트이자 존경받는 머니 코치이다. 26세 때 파산하였지만 이에 굴하지 않고 재기에 도전하여 30세부터는 이자 수입만으로 생활이 가능할 만큼 부자가 되었다. 그는 유럽에서 펀드와 주식으로 큰 성공을 거두어 머니 코치로 이름이 높으며 베스트셀러 작가, 기업가, TV 특강 강연자 등으로 명성을 날리고 있다.

계속 파고들고 질문해라

'연습용 선수'와 '시합용 선수'라는 단어는 앞에서 설명했다. '운 없는 사람'과 '운 있는 사람'이라고 칭할 수도 있다.

모든 것을 바친다고 모두가 성공할까?

단언컨대 아니라고 말할 수 있다. 예시를 들어 보겠다.

이것을 공부로 비유하여 이야기하겠다.

수능 공부를 안 한 사람이 있다고 치자. 1년 바짝 공부를 했다. 모의고사 성적이 잘 나온다. 수능 보러 가서 잘 볼 수 있을까? 나는 아니라고 생각한다. 물론 잘 볼 수도 있다. 하지만 대부분 잘 보지 못한다.

본 실력은 항상 모의고사가 아니라 실전에 나오기 때문이다.

그럼 무엇이 불안감을 만들까?

합격해야 한다는 부담감? 무조건 1등급 맞아야 한다는 압박감?

맞을 수 있다. 하지만 가장 불안한 건, 이 지옥 같은 수능 준비를 또 할 수 있다는 불안감이 가장 클 것이라고 생각한다.

수능 잘 못 봐서 내가 원하는 대학에 못 가면 어떡하지? 1년 재수해야 하나? 군대 가야 하나? 많은 생각을 할 것이다. 다른 친구들은 대학 가서 미팅도 하고 재미있게 캠퍼스 생활을 할 텐데 말이다.

정말 싫을 것이다. 지금도 공부하기 싫은데, 또다시 준비하라고 한다? 진짜 싫을 것이다. 다른 사람은 캠퍼스 생활을 즐기는데 나는 못 즐기는 그 짜증 나는 상황을.

그런 작은 부담감이 하나하나 모여 엄청난 부담감이 되어 돌아와 나도 모르는 사이에 엄청난 긴장을 하고 있고, 그 긴장으로 인해 시험을 망치며 그 망친 시험을 탓할 것이다. 그 긴장으로 아는 문제도 틀릴 것이다. 그 틀린 문제는 아는 문제일까? 모르는 문제일까? 모르는 문제로 봐야 한다.

이렇게 원초적인 이유를 이렇게 파고 또 파고들어 불안감을 없애야 한다. 이 불안감은 누가 없애 주지 못한다. 본인이 없애야 한다.

망친 시험이 현실이다.
망친 시험이 실력이다.

심리적인 문제를 파고 또 파고들어 원초적인 문제를 알았을 때 비로소 부담감을 없앨 수 있을 거라 확신한다.

냉정히 생각해야 한다. 냉정히 분석해야 한다. 내가 제대로 알고 있나, 아니면 심리적으로 불안해하는 것인가.

대체 불가능한 사람이 되려면
XX이 있어야 한다

    나는 쇼호스트 준비생을 그만두고 큐레이터 일을 할 때 '이것'을 알아 버렸다. 너무 늦었다. 쇼호스트 준비생일 때는 한없이 면접관들을 '원망'만 하였다. 시간이 지나니 그 면접관들이 나를 안 뽑은 이유를 알았다. 그것도 너무 늦게 알아 버렸다.

    현재 운동선수인 선수, 운동선수를 그만두려는 선수, 취업 준비하는 분, 면접을 앞둔 분이라면 지금부터 하는 말을 꼭 기억했으면 한다.

    취업하려면 '기본적인 스펙은 쌓아야 한다.'라고 이야기할 것이다.

    당연히 기본적인 스펙을 쌓아야 한다. '기본 스펙을 쌓으면서 많은 경험을 쌓아야 한다.'라고 모든 대부분 사람이 이야기할 것이다. 스펙을 쌓는 것은 당연하다.

    하지만 더 중요한 게 있다.

    '스펙'은 기본이라 생각했으면 한다. 남들도 다 하는 기본이다.

    독자들은 '기본' 즉 '스펙'은 쌓되, 하나를 더 쌓아야 한다.

'*매력' 즉 '끼'가 있어야 한다.

'매력'이 있어야 한다는 걸 너무 늦게 알아 버렸다. 그것도 너무 늦게. 내가 조금만 일찍 알았더라면 나의 인생은 훨씬 나았을 거라고 확신한다.

나는 시합장 코트 위에서 매력을 발산하지 못하였기에 국가대표가 되지 못하였다. 코트 위에서 내 매력을 다 보여 줬어야 했다. 하지만 보여 주기는커녕 어부지리로 이겼다. 나는 시합장, 코트 위에서 매력을 발산하지 못하였기에 내가 원하는 성과를 얻지 못했다. 퍼포먼스가 좋지 않았다. 나는 흉내만 냈을 뿐, 나의 태권도를 하지 못했다. 두려웠기 때문이다. 또 질 거라는 불안감과 나의 실력이 들통날까 두려웠기 때문이다. 내가 만약 두려움보다 코트 위에서 나만의 매력으로 태권도를 했다면 나는 전국 메달은 획득했을 거라고 확신한다.

'매력'은 선택이 아닌 필수이다.

'매력'은 어려운 것이 아니다.

인상 깊은 사람이 무엇일까? '매력'이다. 잠깐의 면접, '그 면접 동안 매력을 어떻게 보여 줘!'라고 생각할 수 있다. 잠깐이라도 매력은 보일 수 있어야 한다. '첫인상, 목소리, 행실, 말투, 행동, 신념, 관점, 의지, 자신감' 등 이것이 매력이다. 내가 말한 매력들을 곰곰이 생각해 보길 바란다. 그리고 독자가 생각했을 때 목소리가 좋으면 그 좋은 목소리를 더 좋게 만들어야 한다. 그게 나만의 매력 만드는 방법이다. 매력적인 사람일수록 유능하다고 인정받는다.

말이 어려운가?

조금 더 쉽게 설명하겠다.

쇼호스트로 예로 들자면, 내가 현대홈쇼핑 2차 PT 때, 내 매력을 하나도 보여 주지 못했다. 내가 준비해 간 상품 설명만이 아닌, 내 끼를 방출했어야 했다. 2차 PT때 내 매력을 하나도 보여 주지 못했다. 오렌지를 맛있게 먹어야 하나, 오렌지를 뜨거운 오뎅을 먹듯 후후~ 불어 먹었다. 말이 안 되지 않나? 상큼하게 맛있게 먹었어야 했는데 그러지 못했다. 못하기도 했지만 내 매력을 보여 주지 못했다. 당연히 떨어져야 했다.

'나는 누군가를 따라 하고 있나? 흉내 내고 있나?'도 생각해 봐야 할 부분이다. 만약 내가 누군가를 따라 하고 있다면, 나를 접목시켜 본인만의 매력을 만들었으면 한다. 만약, 나의 매력이 무엇인지 모르겠다면 차분하게 생각해 보는 것을 추천한다.

* 매력은 사람을 사로잡는 강한 기운이다.

하루에 6시간 이상 자지 않기

프리랜서로 일할 때 역시 하루에 적으면 4시간 많으면 6시간 자며 엄청나게 일을 했다. 목적은 얼른 쇼호스트가 되어 이 힘든 일상을 청산하고 싶었다. 그런데도 쇼호스트는 되지 못했다.

쇼호스트 준비생 시절 내 전 재산을 다 써 갈 때쯤 나는 점점 불안해지기 시작했다. 수중에 돈은 없고 나가야 할 돈은 있고, 돈이 벌리진 않고, 심적으로 힘들었다. 그러면서 바로 프리랜서로 전향했다. 프리랜서로 일을 시작하면서 원칙을 정했다.

많은 원칙이 있었지만 '아무리 피곤해도 이 원칙은 무조건 지키겠다.'라고 생각했던 원칙이 있다.

하루 6시간 이상 자지 않기.

6시간으로 정한 이유는 비서 생활할 때 집은 회사 근처 오피스텔이었다. 회장님이 잡아 주셨다. 잡아 주셨을 땐 너무나 좋았고 감사했다. 그 잡아 준 이유가 있을 텐데 그냥 좋았다. 하루에 진짜 짧게 자면 2시간 잤다. 많이 자면 7시간이었다. 그 생활 습관을 토대로 컨디션 좋을 때 수면 시간이 보통 6시간이었다. 그래서 6시간으로 정했다. 그리고 매일 6시간만 자고 일어날 수 있을 것 같았다. 술을 마셔도, 마시지 않아도 말이다.

원칙을 정하기 전 중요하게 생각했던 것이 있다. '지속성' 즉 '원칙'이다.

매일 해야 하는 지속성. 하루도 빠짐없이 지켜야 하는 원칙. 그 원칙이 바로 지속성에서부터 나온다. 쉬는 날에도 6시간 이상 자지 않았다. 일어났다가 다시 자는 한이 있더라도, 일어났다가 움직이고 다시 잤다. 하루 6시간 이상 자면 나는 돈을 못 벌 거 같았다. 그게 내가 6시간 이상 자지 않은 이유다. 이 지속성이 진짜 중요하다. 회장님의 삶을 옆에서 간접적으로 체험했다. 습관이 너무 잘 배어 있으시다. 매일 아침 7시에 기상하신 후, 7시 10분 약을 드신다. 이게 하루 루틴이다. 전날 아무리 과음하셨다 하더라도 매일 아침 7시에 기상하신다. 회장님도 사람이신지라 아침에는 속옷 차림이시다. 약을 직접 가져다 드리게 되는데, 단 한 번도 거르신 적이 없으시다. 이런 사소한 습관이 6개월이 되고 1년이 되면 '내가 뭔가를 하고 있구나.'라고 생각을 하며 자동적으로 자존감이 올라간다. 그리고 지속성이 습관과 생활로 변해 있다.

예를 들어 '다이어트를 해야 한다.' 그럼 바로 운동을 하면 된다.

얼마나 지속되는가?

길면 3일이다. 이틀 운동했으니 오늘은 치맥! 이러면서 운동을 가지 않는다. 그러면서 다이어트 실패했다고 한다. 아직 시작도 제대로 하지 않았는데 말이다. 운동을 꾸준하게 하루에 한 번씩 5분이든 10분이든 팔 굽혀 펴기를 하루에 30개를 하든 100개를 하든 원칙을 정했다면 그 원칙대로 해야 한다. 6개월이니 자고 1년이 지나면 본인도 모르는 사이에 몸이 좋아져 있다. 건강해지며 자존감이 올라간다.

이 지속성이 쌓이고 쌓이면 자신감만 생기는 것이 아니다. 유지가 되고, 일상생활이 된다. 일상생활이 되면 다른 것들이 눈에 보이기 시작하면서 배우기 시작한다. 다른 것을 배우기 시작할 때 다시 원칙을 세운다.

말투와 억양

　우리는 "말의 힘"의 시대에 살고 있다. 예전 조선시대 때부터 내려오는 말이 있다. '말 한마디가 천 냥 빚을 갚는다.' 참 예전 말이다. 하나 지금은 '말 한마디가 천 냥 빚을 갚는 게 아니라 사람의 인생을 바꾼다.' 라고도 한다. 그만큼 "말의 힘"이 대단하다는 것이다. 말을 예쁘게 하는 사람이 매력적으로 느껴지기도 한다. 반면 기분 나쁘게 말하는 사람도 있다. 나는 '말하는 법'을 바꾸면서 이미지도 바뀌었다고 생각한다. 독자들은 말을 예쁘게 하는가? 아니면 기분 나쁘게 말을 하는가?

　말을 예쁘게 하는 사람은 '말투'와 관련이 깊다.
　말을 예쁘게 한다는 것은 자신의 말투를 어떻게 사용하느냐에 따라 달라질 수 있다. 똑같은 말을 상대방에게 한다 하더라도 말투와 톤으로 인해 상대방이 받아들이는 게 천차만별이다.

　상대방의 감정과 생각을 충분히 고려하고 말해야 한다.
　자신이 가진 생각과 감정만을 가지고 말하는 것은 누구나 할 수 있지만 말을 예쁘게 하기 위해선 상대방이 정확히 듣고 싶어 하는 말이

나 칭찬을 해 주어야 된다. 상대방이 듣고자 하는 말들은 나 자신이 혼자서 판단하기에 어려운 것으로 상대방에 대한 충분히 이해를 해야 한다.

말 예쁘게 하는 방법은 다양하다.

1) 우선 말하기 전, 상대방을 경청해 준다

상대방의 말을 경청해 주는 자체가 상대방을 이해하고 배려해 준다는 뜻이다. 경청만으로 상대방은 호의를 느낄 것이며, 좋은 대화였다고 생각한다.

반대로 내가 열심히 말을 하고 있고 아직 끝나지 않았다. 그런데 중간에 상대방이 내 말을 갑자기 끊어 버리면 기분이 좋지 않을 것이다. 상대방의 말을 끊는 사람은 같이 있는 사람들의 이야기를 들어주는 것이 아닌, 내가 말할 타이밍만 잡고 있다. 상대방의 말을 들어 주는 것이 말 예쁘게 하는 것의 기본이다.

2) 간단하게 말한다

상대방의 고민을 들어 주다 보면, 내가 아는 부분이 있고, 모르는 부분이 있을 것이다. 모르는 부분이 있어도 '아는 척'을 하는 사람들이 대부분이다. '아는 척'은 절대 하지 말아라. 오히려 신뢰만 깎일 뿐이다. 모르면 모른다고 솔직하게 이야기하는 것이 오히려 더 신뢰를

쌓을 수 있다. 아는 것을 물어본다면, 최대한 간단하게 이야기해 줘야한다. 단답형으로 '응, 아니야.'라고만 한다면 성의 없어 보일 수 있으니, 참고해야 한다.

3) 솔직하게 이야기한다

상대방의 생각, 혹은 고민을 들었을 때 소신껏 솔직하게 대답을 해줘야 한다. 진심은 통하는 법이다. 진심이 담기지 않으면 상대방도 눈치를 챈다. 상대를 위한다고 사실만 말하거나, 상대방의 기분을 맞춰이야기하며 아무리 잘못했다 하더라도 공격적으로 '네가 잘못했네!!'이렇게 이야기를 하면 절교당할 것이다.

기분 나쁘게 말하는 사람은 이러하다.

1) 상대방의 말을 듣지 않는다

같이 이야기를 할 때 절대 상대의 이야기를 듣지 않는다. 듣는 척은한다. 절대 이야기를 듣지 않고, 대화 중에 할 말이 있으면 말을 타이밍을 잡기 위해 눈치 본다. 그러다가 타이밍을 잡고 말이 끝나지도 않았는데, 본인의 말을 한다.

2) 돌려서 상대방 기분 안 좋게 한다

눈치를 채지 않게 상대방을 기분이 나쁘게 이야기한다. '싫어하는 사람'이나 '같이 있는데 별로 좋아하지 않는 사람'이 있으면 돌려서 비꼬기 시작한다. 그러면서 '혹시 내 이야기한 거야?'라고 이야기를 하면 '아니야! 기분 나빴어? 미안해.'하면서 고소해한다. 혹은 같이 있을 때 눈치를 대놓고 준다. '어머, 그랬어? 미안해. 안 들릴 줄 알았어~'라며 상대방을 민망하게 한다.

3) 말투와 억양으로 기분 나쁘게 한다

사람들이 제일 오해하기 쉬운 것이 바로 말투이다. 말투 하나에 '어? 기분이 나쁘나?'라고 생각하고, 눈치를 보기 시작한다. 나의 평상시 말투 하나에 상대방은 상처받는다.

4) 모든 일에 아는 척을 한다

척척박사이다. 살아 있는 네이버, 구글이다. 모르는 게 없고 상대방이 모른다면 그것도 모르냐면서 무시한다. 무시하기만 하면 상관없다. 내 말이 맞고 상대방 말은 틀리다. 정보를 알아보고 정보를 공유하는데, 같은 상황에 사람의 성향만 다를 뿐이지, 본인이 하는 게 제일 좋으니 무조건 해야 한다. 그 상대가 말하는 대로 하지 않으면 '거봐. 쟤는 내 말 무시해.' 하면서 상대방을 비방하기 시작한다.

말을 예쁘게 하는 사람과 기분 나쁘게 하는 사람은 확실히 다르다. 말을 예쁘게 하는 사람이 만약 잘못된 정보를 이야기하면 '뭐 어때. 좀 틀릴 수 있지.'라고 오히려 다독이며 정을 느낀다. 말을 기분 나쁘게 하는 사람이 잘못된 정보를 주면 '어휴, 또 아는 척 시작이네.'라고 하며 그 사람이 하는 말 자체를 귀 닫고 들을 생각을 하지 않는다.

말을 기분 나쁘게 하는 사람들의 특징이 있다.

"나는 절대 틀린 말을 안 해! 나는 성격 자체가 원래 한번 아니면 아닌 사람이야! 나는 평생을 이렇게 살아왔어! 나는! 원래 성격 자체가 그래! 한번 아니면 아니야!!"의 식으로 이야기한다. 우리는 여러 사람과 함께 살다 보니 말을 기분 나쁘게 하는 방식을 나도 모르는 사이 배워 버릴 수도 있다. 배움에 있어 모든 것이 유익하지 않을 수 있다. 말을 기분 나쁘게 하는 방법은 우리에게 유익한 게 단 하나도 없다.

말 한마디에 사람이 달라 보이며, 말 한마디에 인성이 보이고, 함께하고 싶은지, 한 번 보고 말지 정해진다.

독해야 한다

질문 하나를 할 것이다. 이 질문에 대답하기 전 필요한 게 있다. 볼 펜과 종이가 필요하지 않다. 필요한 것은 '양심'이다. 그리고 전부 내 려놓고 '현실 속 나를 마주 봐야 한다.'

준비되었다면 질문을 하겠다.

"진행하는 일에 올인 하고 있는가?"

'누군가가 올인 하고 있어?'라고 한다면 '나는 올인 했다!'라고 대답 할 수 있다. 남들보다 정말 열심히 살았다고 자부할 수 있다. 허나 나 의 생각은 틀렸다. '올인' 하고 있지 않았다.

손흥민 선수를 보아라. 대한민국 최초 EPL 득점왕이다. 박지성 선 수도 해 보지 못한 EPL 해트트릭도 하였다. 모두가 손흥민 선수를 월 드클래스라고 한다. 손웅정 감독, 즉 손흥민 선수의 아버지는 그를 월 드클래스라고 칭하지 않는다. 그런 선수가 혹독하게 가르쳤다.

손웅정 감독은 손흥민 선수에게 올인 하였다. 손웅정 감독의 실패했던 축구 선수의 생활을 아들은 절대 실패하지 않은 월드클래스로 키우기 위해서였다.

손웅정 감독이 중요시하게 원칙을 세운 것은, "유소년 시절에는 기본기를 갈고 닦아야 한다."는 것이다.

그래서였을까. 손흥민 선수는 매일 3시간씩 기본기 연습했다. 공을 땅에 떨어뜨리지 않고 노는 연습.

왼발로만 트랙 한 바퀴, 오른발로만 한 바퀴, 양발로 한 바퀴, 그러다 보면 땅이 튀어나오는 착시 현상도 겪기도 한다.

슈팅 연습을 시키지 않았다. 그리고 축구 경기도 하지 않고, 오로지 공 감각과 개인기 연습만 시켰다. 시합에서는 골 감각과 골이 어느쪽으로 올지, 늘 시뮬레이션 연습을 시켰다. 어느 정도 기본기가 완성되자 2007년 세상으로 나왔다. 중고등부에서 7개월 동안 선수 생활로 주목받고 16세 이하 국가대표팀에 소집되었다. 연습생 신분으로 독일 함부르크에 입단하는 행운을 얻었다.

손웅정 감독은 "생각하면서 살지 않으면 사는 대로 생각하게 된다. 그래서 생각해야 했다. 그래서 끊임없이 생각하고, 생각하고 연구하고 생각해야 했다."라고 자서전에 쓰셨다. 쓰신 것처럼 집요하고 혹독하게 기본기부터 차근차근 손흥민 선수에게 축구를 지도하였다.

어떠한가? 이래도 "우리는 올인 했다고 할 수 있나?"

목적이 정확하게 해야 성공할 수 있는 확률이 높아진다는 걸 실제로 보여 준 손흥민 선수다.

이제 우리는 미루지 말고 목적을 정하자.

기간 1년을 잡고 어떻게 보내느냐가 독자의 인생의 큰 행복의 키를 좌우할지도 모른다. 1년 동안 독자가 원칙을 정하고, 원칙을 지키려 노력하고, 가능성을 시험하고 목적을 달성하지 못하더라도 좋은 결과로 나타난다면?

그럼 1년 동안 열심히 한 결실도 좋아하겠지만, 스스로 해냈다는 본인을 좋아할 것이다.

"와, 나 멋진 사람이네? 나 한다고 하면 진짜 하네?"라고 하면서 자존감이 높아질 것이다.

자존감만 높아지나? 자신감으로 나타난 과정에 내가 했던 노력이 보이기 시작할 것이다. 그러면서 앞으로 뭘 해도 할 수 있는 독자가 될 것이다.

다른 일을 하더라도 "그때도 해냈는데 왜 못 하겠어?"라는 자신감이 나타난다. 새로운 일을 진행하며 공부를 해야 한다. 더 전문적으로 될 것이다. 목표가 있을 때 도달하는 독자를 자랑스러워하며, 마음먹었을 때 이뤄내는 독자가 좋아질 것이다.

핑계만 대면서 내일로 미루고 다음부터, 다음 주부터, 다음 달부터,

내년부터! 계속 미루게 되면 행복과 자존감도 뒤로 계속 미뤄진다고 생각해야 한다.

올인 해야 한다. 적당히 올인 해도 된다. 그러나 목적을 가지고 달성하려는 '독한 마음'은 있어야 한다.

내가 설정한 '목표'로 인해 주위 사람들에게 실망감을 줄 수도 있다. 서운해할 수도 있다.

외로울 수 있다. 이른 아침, 늦은 밤, 아무도 이해 안 해 주고, 친구도 거의 못 만나고, 본인의 노력엔 본인만이 치어리더처럼 응원해 줘야 한다. 주위 사람들이 "독하다."라는 말을 해야 한다. 만약 "열심히 사네."라고 한다면 이렇게 생각해라. 독자뿐만 아니라 주위에 있는 사람들은 다 열심히 산다는 것을.

다수의 틀

부자는 더 부자가 되는 세습은 점점 고착화돼 가고 있다. 그 '부자는 더 부자가 되는 세습은 가정의 백이 없으면 안 된다.'라고 생각할 것이다. 이것은 남들이 정해 놓은 틀에 굴복하는 삶이다. 이 말은 뭐냐면 남들이 정해 놓은 기준에 본인 기준을 맞추면 안 된다는 뜻이다. 기본 상식은 있되, 개념 있게 행동하며 남들이 정해 놓은 틀에 굴복하지 말라는 뜻이다.

부정적이고 냉소적인 사람은 절대 성공하지 못한다. 본인 하려는 사업에 대해 부정적인 말을 하는 사람이 똑똑해 보인다. 맞다. 똑똑해 보인다. 생각하지 못한 것을 생각했다 생각하기 때문이다. 하지만 그런 사람들은 헛똑똑이들이다.

지금 대기업을 이끄는 수장들, 그리고 부를 지속해서 축적하며 더 부에 부를 더하는 부자들은 부정적이거나 냉소적인 사람들은 없다. 전부 긍정적인 사람들이다. 이런 사람들을 '낙관주의자'라고 부른다.

긍정적인 사람들 즉 낙관주의자들이 세상을 바꾸고 있다. '2000년대에 자율 주행이 나올 거라고 했다.' 그때 대부분의 사람은 '말도 안 된다. 그런 시대는 오지 않아!'라고 했지만 현실은 어떠한가? 자율 주행이 나오고 있다. 바로바로 나오진 않았지만, 다소 시간이 걸렸지만 그들은 세상을 바꾸고 있다. 부정적으로 생각하는 사람들은 성공할 확률은 희박하다. '이거 안 된다. 저거 안 된다. 이래서 안 된다. 저래서 안 된다.' 등 평계만 찾으며 비난만 한다. 그 비난하는 것이 멋있다고 생각하고, 그 비난으로 인해 '내가 너희들보다 위야!'라고 생각한다. 그러면서 엄청나게 비난하며 비웃을 것이다. 만약 누군가가 비웃고, 비아냥거리면 절대 그 말에 화내지 말아라. 그리고 그냥 웃어넘겨라. 대부분의 사람들은 비판적인 반응을 보이는 사람의 편이 아닌, 독자의 편일 것이다.

절대 '금수저니까 성공한다. 흙수저니까 성공 못 한다.'는 생각의 틀을 깼으면 한다.

주변에서 말하는 부정적인 반응을 '귀 닫고 듣지 말아라, 한 귀로 듣고 흘려라.'라는 뜻은 절대로 아니다. 부정적인 반응 즉 의견은 '참고만 해라'. 참고를 하고 더 좋은 쪽으로 독자가 생각한 일들을 진행해라. 더 좋은 쪽으로 진행될 것이다. 물론 잘 안 될 수도 있다. 잘 안 되더라도 독자에게 경험이다. 그 경험을 하며 다른 일을 진행할 때 뼈가 되고 살이 될 것이다.

관장이 되어 보니
변화를 두려워한 겁쟁이였다

갤러리에 발을 디딘 순간부터 엄청나게 많은 변화가 왔다. 만나는 사람부터, 삶의 루틴 자체가 바뀌게 되었다. 가장 큰 변화는 '세상을 바라보는 시점이 달라졌다.'이다.

내가 다니는 갤러리는 일반 갤러리와는 다르다. 회사같이 운영되고 있다. 일반 회사의 분위기, 비서의 분위기, 시기와 질투 속 경쟁하는 분위기가 아닌, 응원하고 앞으로 전진하기 위해 고군분투하고 있다. 지금 와서 생각해 보면 '왜 내 관점은 지푸라기라도 잡는 심정으로 버티고 버티다 보면 꿈을 이룰 것이다.'였을까 라는 의문을 갖게 되었다. 저마다 변화하는 시점이 있는데, 그것을 알지 못했다. 보이는 시선이 전부 다인 줄 알았다. "당장 이것도 못 하는데 다른 걸 한다고 해서 잘할 수 있을까?"라는 의문점과 본인을 믿지 못하는 시점이 될 것 같은 두려움이 있었다. 그러다 보니 변화를 두려워했다. 변화하려 하지 않았다. 허나 망상이었다. 사람들이 변화하는 시점은 분명하다. 내가 경험한 변화하는 시점은 "벼랑 끝에서 지푸라기라도 잡고 싶지만 지푸라기마저 못 잡고 시원하게 떨어졌을 때"이다.

'잘될 거야. 잘될 거야. 지금은 잠시 힘들 뿐이야. 나는 잘하고 있어. 잘될 거야.'라고 생각한다. 나 역시 벼랑 끝에서 시원하게 떨어졌다가 정신을 차린 케이스이다. 사회생활을 선배들의 인맥으로 회사를 들어가려 했던 그 안일한 생각으로 사회에 덤볐다가 크게 혼났다. 일찍 깨달아서 너무 좋다. 지금이 너무 행복하기 때문이다.

벼랑 끝에서 지푸라기를 잡다가 안 돼서 어쩔 수 없이 떨어지지 말고, 현재 상황을 보고 나에게 안 좋은 습관이나 관습이 있다면, 시원하게 버리는 것도 나쁘지 않다.

나도 비서를 그만두고 프리랜서로 활동하며 기업 행사, 돌잡이&결혼식 사회, 법원 홍보 모델 등 다양하게 활동했다. 활동하며 재미있었고, 비로소 '나'라는 사람을 찾았다.

여기에서 생각해 볼 필요가 있다.

"과연 지푸라기를 잡는 것이 옳은가?"

시원하게 끝까지 떨어져 보면 올라가는 일만 남는다. 바닥부터 하려는 의지가 엄청나게 생긴다. 그렇게 되면 무언가를 지속해서 하려 할 것이고, 공급과 수요를 생각하며 발전하려 할 것이다.

레오나르도 디카프리오가 출연한 영화의 한 장면이다.

이 장면을 글로 작성하고 책을 마무리하려 한다.

디카프리오는 여러 사람에게 펜 한 자루를 주며 본인에게 판매를 해 보라고 미션을 준다. 여러 사람들은 이렇게 판매하였다.

　레오나르도 디카프리오: 이 펜을 나에게 팔아 보세요.

　A: 이 펜은 놀라운 펜입니다.

　B: 이 펜은 전문가용이죠, 좋은 펜입니다.

　C: 이 펜은 좋은 펜이고 당신이 쓰려는 걸 모두 쓸 수 있어요.

　D: 이 펜은 제 개인적으로 좋아하는데 그립감이 좋습니다.

　누구나 생각하는 것들을 이야기하며 판매를 하려 했다.

　레오나르도 디카프리오는 실망을 하였다. 다음 컷으로 넘어갔다. 분위기가 바뀌었다. 한 맥주 바에 갔는데, 맥주 바에서 맥주를 마시며 같이 있는 사람에게 똑같이 펜을 팔아 보라고 하였다.

　레오나르도 디카프리오: 이 펜을 나에게 팔아 봐.

　E: 이 거지 같은 펜을 팔아?

　레오나르도 디카프리오: 오! 좋아. 계속해 봐.

　E: 냅킨에 이름 좀 적어 줄 수 있어?

　레오나르도 디카프리오: 펜이 없는데?

　E: 바로 그거야. 수요와 공급. 무슨 말인지 알겠어? 물건을 팔려면 이 물건을 왜 팔아야 하는지 수요를 알아야 해. 안달 나게 해야 해.

　이 영화의 한 장면이었다. 너무 감명 깊은 영화였다.

'내가 일을 왜 하는가? 성공하고 싶은가? 그렇다면 어떻게 성공하고 싶은가?'라며 반문을 하게 되었고 기존에 가지고 있던 '틀'을 깨며 많은 생각을 하게 되었다.

감사의 말

살면서 책 출간을 절대적으로 할 수 없다고 생각했다.

그 틀을 깨 준 게 현) 아트컨티뉴 엄진성 대표님과 현) 아트컨티뉴 박규희 부대표님이시다. 두 분은 매년 책을 출간하고, 회사를 키워 가며 말뿐이 아닌 직접 행동으로 보여 줬다. 회사를 운영하는 것뿐만 아닌, 회사를 운영하며 쌓은 노하우를 과감하게 책으로 담았고, 아트컨티뉴 개관 후 엄진성 대표님의 첫 번째 출간 책 〈어서 와 미술품 투자는 처음이지?〉를 비롯하여, 박규희 부대표의 〈마케팅 한잔하실래요?〉에 이어 두 번째 책 〈ANSWER〉를 출간하는 모습을 보고 나 역시 책을 쓰며 한 단계 발전해야 한다는 생각을 할 수 있었다. '책을 쓰겠다.'라고 말을 하자마자 언제든 쓰고 오라며 3일간 휴가를 주셨고, 책 쓰는 동안 연락을 최소화하여 책 쓰는 것에 집중할 수 있게 해 주신 배려는 잊지 않겠다. 믿어 주신 만큼 대체 불가한 관장으로 남도록 더 발전하겠다는 것 말씀드린다.

더불어 태권도를 알려 주시기 전 예의를 먼저 알려 주신 고영배 사부님, 연습용 선수를 메달권 선수로 만들어 주신 유현석 코치님, 막막했던 인생에 많은 걸 바꿔 주시고 동아줄이 되어 준 류재영 쇼호스트

님께도 감사의 인사 말씀을 전한다.

　항상 힘들 때 힘이 되어 준 나의 고향 친구들, 대학교 동기들, 사회에서 알고 지내는 모든 이들에게 감사의 인사를 전한다.

틀

ⓒ 안성찬, 2024

초판 1쇄 발행 2024년 6월 20일

지은이	안성찬
펴낸이	이기봉
편집	좋은땅 편집팀
펴낸곳	도서출판 좋은땅
주소	서울특별시 마포구 양화로12길 26 지월드빌딩 (서교동 395-7)
전화	02)374-8616~7
팩스	02)374-8614
이메일	gworldbook@naver.com
홈페이지	www.g-world.co.kr

ISBN 979-11-388-3300-4 (03190)